Maria Montessori

ASSOCIATION MONTESSORI INTERNATIONALE

AMI

MTC

Maria Montessori

WHAT YOU SHOULD KNOW ABOUT YOUR CHILD

了解你的孩子

蒙台梭利教育原著全译本

[意] 玛丽亚·蒙台梭利 著
喻华慧 译 郭景皓 审定

中国发展出版社
CHINA DEVELOPMENT PRESS

图书在版编目（CIP）数据

了解你的孩子/（意）蒙台梭利（Montessori，M.）著；喻华慧译．—北京：中国发展出版社，2013.3（2022.10 重印）

书名原文：What you should know about your child

ISBN 978－7－80234－916－2

Ⅰ．①了…　Ⅱ．①蒙…　②喻…　Ⅲ．①儿童教育—家庭教育　Ⅳ．①G78

中国版本图书馆 CIP 数据核字（2013）第 042667 号

本作品中文简体字版本由国际蒙台梭利协会（the Association Montessori Internationale，Amsterdam）授权中国发展出版社出版。原著首次出版于 1961 年。

书　　名：了解你的孩子
著作责任者：（意）蒙台梭利（Montessori，M.）
责 任 编 辑：杜　君
出 版 发 行：中国发展出版社
联 系 地 址：北京经济技术开发区荣华中路 22 号亦城财富中心 1 号楼 8 层（100176）
标 准 书 号：ISBN 978－7－80234－916－2
经　销　者：各地新华书店
印　刷　者：北京市密东印刷有限公司
开　　本：880mm×1230mm　1/32
印　　张：6.25
字　　数：95 千字
版　　次：2015 年 1 月第 1 版
印　　次：2022 年 10 月第 3 次印刷
定　　价：25.00 元

联 系 电 话：（010）68990642　82097226
购 书 热 线：（010）68990682　68990686
本 社 网 址：http：//www.develpress.com
电 子 邮 件：121410231@qq.com

Foreword

出版前言

蒙台梭利教育至今已有百余年历史，而在我国真正开始传播与推广，不过二十余年。在这短短的二十年中，尽管对蒙台梭利方法的理解仍有很多困难、矛盾，尽管已成立的蒙台梭利学校存在诸多问题，蒙台梭利教育却广泛流传并遍及全国。正像蒙台梭利在她的著作《人的成长》中所言:“蒙台梭利方法的传播比任何一种现代教育方法都快。……蒙台梭利方法就像是不断酝酿的酵母，又像是随风播撒的种子一样，在世界各地安家落户。”

蒙台梭利教育的秘密到底在哪里？要想彻底弄清楚，除了去追随她的原著，恐怕没有更简捷的路可走。而在我国，自1985年北京师范大学卢乐山教授编著的《蒙台梭利的幼儿教育》一书出版至今，翻译引进的蒙台梭利原著仍极不完整。此番中国发展出版社联合中国蒙台梭利国际教育培训中心（MTC），基于国际蒙台梭利协会（AMI）的授权与严谨审核，推出“蒙台梭利教育原著全译本”丛书，即是希望从基础的工作做起，帮助读者接触到真正的、完整的蒙台梭利原著；并希望有更多的研究者、实践者从基础的工作做起，懂得真正的蒙台梭利教育，传播、实践真正的蒙台梭利教育，为了孩子，也为了我们自己。

出版者

2012年3月

Montessori in China

蒙台梭利教育在中国

早在20世纪初，随着《蒙台梭利教育法》中文译本的出现，蒙台梭利教育即传入我国。当时我国著名的幼儿教育家陈鹤琴先生评价蒙台梭利说:“她的努力和功绩，揭开了幼稚教育新篇章，使幼稚教育耳目一新。”1914年，江苏省成立了“蒙台梭利教育法研究会”。1923年，北京女子高等师范学校附属蒙养园开办了两个蒙台梭利班（1926年因人事变更而停办)。这些是蒙台梭利传入我国之初的情况。当时我国与世界其他国家同时接触了蒙台梭利教育，蒙台梭利教育一经引入，即受到国内幼教界的好评与欢迎。

然而，处于20世纪前半期的中国，战乱不断、社会动荡，幼稚园数量少、规模小、经费有限，无力采用为人称道的蒙台梭利教育。20世纪20年代初，蒙台梭利博士致函南京国民政府教育部部长，邀请中国派人赴罗马参加教师培训，并征集在中国采用该教育的报告及书籍。时任教育部部长蒋梦麟先生回复称“您的教具颇多，但不甚经济，中国多采用设计教学法，教材取自生活，不需购置教具”，又称中国没有实施蒙台梭利的报告文章及翻译的书籍等。教育部部长之言反映了我国当时的实情，蒙台梭利教育虽受到称赞，但未能传播开来。

1949年新中国成立，当时政府提出了“全面学习苏联”的方针，以苏联的学前教育模式改造中国的幼儿教育，将西方国家的幼儿教育思想及幼儿教育家均视为资产阶级性质，持批判、否定的态度。蒙台梭利及其创立的幼儿教育法同样受到批判。对此的长期批判阻碍了人们真实地了解蒙台梭利及其教育观；由于批判所持观点的偏颇，蒙台梭利教育思想被诋毁和扭曲；在实践中禁锢了蒙台梭利教育，致使其无人知晓，更说不上采用了。

1978年以后，新的一页历史被掀开，学术界逐步走向务实，走向开放，走向纠正错误。打开了国门后，我国幼教界前辈——北京师范大学教授卢乐山先生从外部世界的幼儿教育中发现了蒙台梭利教育依旧存在并得以在世界范围内发展壮大，终于在1985年编著出版了《蒙台梭利的幼儿教育》一书。后来，人民教育出版社又相继翻译了蒙台梭利的四本专著，即《童年的秘密》《有吸收力的心理》《蒙台梭利方法》《教育中的自发活动》。同时，大学课程中对蒙台梭利思想的批判中止了，而代之以对蒙台梭利教育的客观介绍。

随着我国改革开放的推进，与境外幼儿教育同行的交流日益深入，至此拉开了蒙台梭利教育在我国幼儿园中应用的序幕，实验进展的成效渐渐影响开来。首先被吸引的是家长，他们希望自己的孩子也能接受这一良好的教育，渐渐地便有更多的幼儿园开设了蒙台梭利教育实验班。从沿海到内地，从大城市到中小城市，从单位办园、私人办园到教育部门办园，蒙台梭利教育在我国以惊人的速度普及，目前已遍及全国除西藏自治区外的二十几个省、自治区和直辖市。

一些积极参加蒙台梭利教学研究的幼儿园，投身蒙台梭利教育的本土化研究，取得了显著成效，仍在努力不懈地探索、研究与提高中。然而，有更多蒙台梭利培训机构由于师资欠缺或为经济利益所驱动，对蒙台梭利教育的理念领悟得甚为肤浅，成效寥寥。对蒙台梭利教育理念的大量误解，也在焦急渴求优秀教育方法的家长中流传。

2007年，继蒙台梭利的第一个儿童之家创立100年后，国际蒙台梭利协会（AMI）在杭州成立了中国蒙台梭利国际教育培训中心（MTC）。自此，国际蒙台梭利协会将秉承玛丽亚·蒙台梭利博士的教育理念，在中国开展一系列学术支持活动，这标志着更高水准的蒙台梭利理念开始在中国传播开来。

中国蒙台梭利国际教育培训中心

2012年3月

Brief Intro of Maria

蒙台梭利生平

在很多方面，玛丽亚·蒙台梭利都超越了她所处的那个时代。

她是意大利历史上第一位女医学博士，她是著名的科学家、女权主义者，现代教育史上最伟大的教育家之一，她是儿童的拥护者。她关于儿童成长与发展方面的发现，以及后来依据这些发现而发展起来的科学教育体系极具革命性。即使到今天，距蒙台梭利博士所创建的第一个儿童之家的成立已经一百多年了，她有关教育方面的理念仍具有独特的价值，鼓励着很多人去关注儿童，积极地为社会改革提供意见、方向和机会。

1870年，蒙台梭利出生于意大利安科纳省基亚拉瓦莱小镇。早在学生时期，蒙台梭利就对自然科学产生了浓厚的兴趣。1890年，蒙台梭利排除了重重阻挠在罗马大学注册研读医学。

毕业后，蒙台梭利在罗马大学儿童医院儿童心理诊所担任助理医师，着重服务于精神上有障碍的儿童。蒙台梭利观察到，那些孩子就像“牢房里的囚犯”，她开始设法帮助他们。她给予他们一些东西，并留意他们的反应。通过细致的观察，她渐渐明白智能在很大程度上是教育的问题，而非医学的问题，并开始科学地创造和运用教具，利用这些教具辅助孩子们学习。孩子们的进步非常迅速，大多通过了规定的测试，有些孩子的表现甚至超过了正常的孩子。

1907年，蒙台梭利在罗马劳工区圣罗伦佐成立儿童之家，同那里的儿童一起工作。这些孩子来自穷苦家庭，但智能发育正常。通过观察和实验，她形成了初期的蒙台梭利教育原则：重复、工作和选择的自由。结果超乎寻常！这些孩子变得有礼貌、独立、自埋并善于照顾伙伴。他们形成了自尊的意识，而在这之前，在他们身上是看不到这些品质的。他们不需要奖励，为内在的满足感而工作。儿童之家的第一群孩子被称为“神奇的儿童”，引起了社会上广泛的关注。

随后，蒙台梭利博士应邀建立了更多的学校。她发现：通过与环境的互动，这些孩子精神上得到了“痊愈”。尽管一开始她自己也为这些孩子的成就（自发的写字和阅读、极度专注、内在的自律、寓乐于学）所震惊，但是通过持续的观察，她发现这些是所有孩子身上都有的正常品质和能力。此外，她发现，孩子可以进行自我教育。这一简单而又深刻的事实鼓励着蒙台梭利毕生都为教育改革而奋斗。

很快，欧洲的其他地区乃至全球许多国家纷纷建立起蒙台梭利学校。1913年，蒙台梭利博士首次访问美国。同年，贝尔和他的妻子在华盛顿成立蒙台梭利教育协会，对该协会鼎力支持的还有托马斯·爱迪生和海伦·凯勒。

1922年，蒙台梭利博士被任命为意大利政府的督学，由于反对墨索里尼法西斯主义，1934年她被迫逃往西班牙。1936年，西班牙内战爆发，她移居荷兰。1939年，蒙台梭利受邀访问印度，战争使她被迫停留在印度，直到20世纪40年代末。她在儿子马利奥的协助下，在印度主导了多次蒙台梭利训练课程，这些课程为印度的蒙台梭利教育活动奠定了坚固的基础。在那里，她发展出宇宙教育的原则和地球儿童计划。

鉴于她的教育工作为世界注入了新的理念，扩充了世人的理解，蒙台梭利博士于1949年、1950年和1951年连续三年获得诺贝尔和平奖的提名。

1952年，玛丽亚·蒙台梭利逝世于荷兰，但是通过国际蒙台梭利协会（AMI），她的工作得以长存。国际蒙台梭利协会是蒙台梭利博士于1929年成立的一个组织，旨在开展她的工作。自第一家蒙台梭利儿童之家成立，不计其数孩子的生活得以改变。在美国，私立蒙台梭利学校的总数超过5000所，200所以上的公立学校使用蒙台梭利式的教育课程。这是世界上最普及的教学法，目前在六大洲拥有超过28000所学校，造福从零岁到青春期的孩子。

中国蒙台梭利国际教育培训中心

2012年3月

Preface of the Original Edition

原版序言

让我感到自豪的是我的工作和我对儿童的情感引起了一位高尚人士的兴趣，那就是格纳·普拉卡萨姆（Gnana Prakasam）先生。普拉卡萨姆先生牺牲他宝贵的时间，并运用他的智慧促成了这本书的产生。

普拉卡萨姆先生是一位精炼的传译者，他将难以理解的理念予以简化。这本书，无疑会对理解和传播我的工作大有帮助，读者们不仅仅会从书中找到展示我理念的课程，我对儿童心灵的诠释，还将体验到一位慷慨努力地将我和大众的思想联系起来的心理学家的明晰的洞察力。

我向普拉卡萨姆先生表达我的感激和敬意。他现身以保护儿童的利益，并伸出双手帮助孩子们向上攀登。

玛丽亚·蒙台梭利

1948年2月5日Adyar

Foreword of the Original Edition
原版前言

蒙台梭利博士在她的序言中说我诠释了她的工作。这么说并不错，尤其是涉及她所掌握的教育儿童的基本真理。从她的著作、演讲、职业和工作中提取精华并不太难。博士的赞许是对我的奖励。但是，尽管博士的赞许是出于真心且对我而言是一种无价的认可，却并不是我工作的唯一目的。

蒙台梭利博士是否已经掌握了关于儿童天性、成长、发展和功能的基本事实？她的方法有利于塑造未来那些有效率、有服务性、快乐的男男女女吗？为了找寻这些问题的答案，读者们可以参考蒙台梭利方法在全世界得以扩展的事实。但是，每一个读者又必须依据自己的知识、观察与良知去裁决判断本书中的相关事实是否明确真实。

以上段落中所隐含的现实主义，以及独立性、自我依赖、活动和服务中的纪律性、成就的快乐——这些便是下面章节中将阐述的蒙台梭利系统中的基本要领，是蒙台梭利学校的特征，并将由蒙台梭利学校中的学生们加以证明。读者们会看到蒙台梭利博士是否正确地解释了自然，是否遵循了自然规律。事实和现实是考验的标准。这便是科学式教育。

A.G.普拉卡萨姆

1948年5月1日

科伦坡法律图书馆

Contents 目录

Part 1
科学式教育

蒙台梭利教学法是科学式教育，对童年时期的认知是它的基础。它是建立在对儿童身心发展的已知法则基础之上的。

蒙台梭利教学法是科学式教育，对童年时期的认知是它的基础。它是建立在对儿童身心发展的已知法则基础之上的。

在现代，科学前进的步伐快得令人难以置信，人类思想已经揭示了外部世界的诸多秘密，一系列的发明与发现让人惊异不已，主导人类物理环境的自然力量与规律不断被揭晓。是人类的思想、智力以及个性促成一切成就，如今关于它们的研究也获得了同样的重视与关怀。

科学事业是我们时代的特征，是对若干事实的系统鉴定，是对若干原则的探查并由此展开行动，这些已经被成功用于探索物质世界的实施步骤，也必须被持之以恒地用来指导辅助人类生命。而生命其实包括了思想、智力以及个性。

因此教育应当成为生命的一种辅助，成为生命的保护。根据其自身的发展法则，教育帮助生命。教育的成功明显取决于对生命秘密的理解，只有理解了生命的秘密，才能更好地服务于生命，才能在严格常态中发挥人类自身的巨大能量。

教育是生命的辅助，由此得出两个必然结论。第一个结论是：教育必然始于生命自身的起始；第二个结论则是：教育必然承载同长久以来人们所知的极为不同的含义，即教育不再保持单纯的“教学”形式，不再成为“教学”的代名词。

如果教育是生命的辅助且始于生命之初，那么我们应给予新生儿何种教育？我们对6个月大或1岁大的儿童又能给予何种帮助？有人会回答：我们可以通过哺乳、喂食或提供卫生保健来帮助儿童。显然，持有这种答案的人忽略了儿童自其生命之初就兼有身体与思想，兼有物质生命和精神生活。如果教育是生命的辅助，它则必然帮助儿童生理和心理双方面的发展。

由此带来诸多问题：幼儿在早期阶段精神生活的性质为何，条件为何，需求为何？心智的发展会经历固有的或者可确定的不同阶段或时期吗？这些不同阶段或时期的特性又是什么？在这些不同阶段或时期应给予儿童怎样的帮助或教育？蒙台梭利教学法关注的是对上述这些问题的答案。这种探究被称作儿童心理学，或者儿童科学，它是蒙台梭利教学法的基础。我们的研究实则是针对儿童心理从生命最初开始的研究。蒙台梭利曾经说过："说我发明了所谓的蒙台梭利教学法并不属实。我研究孩子们，并将他们给予我的加以表达，这才是所谓的蒙台梭利教学法。"

Part 2
帮助孩子以自助

如果你总是根据成人的想法阻止儿童进行你认为不应当从事的行为，那么儿童的境地就同伦敦城里的无家可归者一样。举个例子，无家可归者想找个地方睡觉，先试着去教堂，却被管事的叫嚷着“滚开！”给轰走了，接着他去公园的长椅，却被粗鲁地推了出来。最终，由于哪儿也不让他们睡觉，他们只能整夜在街头游荡。

蒙台梭利学前教育学校被称作“儿童之家”。我们认为所谓学校，并不只是一座四面围墙用以封闭和局限儿童的建筑物，而是一个能让儿童自己当家作主的家庭。这种理念意味着有必要为儿童准备一个属于他们自己的世界，在他们自己的世界里，儿童的思想和身体都能找到各种适合的活动。教师应当成为“儿童之家”的客人，或者说为儿童提供帮助或进行服务的人员。

同蒙台梭利博士的初期教育工作同时诞生的早期其他理念之一就是要给儿童特别适合他们自己的家具。如今，这一观点已经不再新鲜。但是四十三年前，当它刚开始被贯彻实行的时候，这种观点是非常让人惊讶的。

几乎在同时，纽约哥伦比亚大学的杜威教授有一个宝贵的发现。杜威教授决定在纽约遍览商店以便购买并非作为玩具，而是适合儿童使用的物品，如桌子、椅子、橱柜、长凳等家具。可是无论教授拜访哪家商店，店员总会说：

“抱歉，先生！我们这里没有这种东西。”他接着尝试购买适合儿童使用的毛巾、碗碟、餐具和脸盆，但还是没有收获。对此，杜威教授就他的观点写下了一段名言。这段名言的大意是：这个世界，就外部环境而言，已经将孩子们遗忘了。

杜威教授的评论的确不假。但是蒙台梭利教授进而承担了儿童的教育工作。她说：“倘若适合儿童的房屋尚不存在，那么就让我们来建造它们；倘若适合儿童的的物品尚未产生，那么就让我们将其制造出来。”究竟制造什么以及如何制造，必须通过试验和经验才能揭晓。因此，不仅仅是家具，许许多多其他适合儿童的各类物品不断地被制造了出来。

思想既是典章，简单的想法往往导致伟大的结果。上述想法的结果不仅仅是使儿童通过使用合适的物品来为自己服务，它的最终结果是使儿童通过使用这些物品改变了他们的性格。孩子们在使用物品的过程中呈现出一种富有创造性的乐趣，这种乐趣同孩子们在玩耍时获得的普通乐趣是不同的。

由此开辟出教育和帮助孩子的一种崭新的途径、崭新的方式方法。儿童身体与思想成长的特殊需求将被人们牢记在心。这是有关儿童自由问题解决方法的设想，也是有关儿童占有欲和行为问题解决方法的设想。我们将就这些问题作详细的阐述。

有的妈妈时常会说:“我家孩子总让人生气”,“这孩子脾气不好”,“我的孩子总想让我陪着他”,“我一刻也离不开孩子”,“我的孩子常常觉得厌烦无聊”；还有妈妈会说:“这孩子很沉闷”，或者“他总是缠着让人讲故事问东问西”。这些其实是由儿童的占有欲或者想进行合适的占有所引发的问题。

行为方面也会产生问题。有些父母称:“我的孩子不乖。我怎么样才能让孩子更乖呢?”或者“我该怎么办，孩子调皮得不得了，我是打他还是不打他?”儿童在家里和学校会表现出这样那样许多不同的行为问题。

正如面临民主与极权的区别一样，儿童的自由是一个更深层次也更具基础性的问题。究竟是让儿童自由地发展还是人为地塑造他们呢？看来，关于儿童自由和国家自由的问题都亟须解决。

如今大多数人认为应当给予儿童自由；但家庭所面临的问题在于究竟如何去做。给予儿童自由这个命题本身包含了环环相接的诸多问题，其解决之道绝非易事。

所以，儿童之家的产生实为幸事。它指明了解决问题的方向。成年人并不理解儿童身心成长发展的需求，也无法提供满足这种发展需求的活动。而儿童之家就是解决之道。

让我们看看在一个由成年人掌权的家庭里会出现什么状况。让我们把时间倒退到四十三年前，儿童科学以及儿童发展的法则遭受冷落的时代。那时，像现在一样，母亲深爱着孩子，无微不至地照顾孩子，为孩子清洗、沐浴、擦拭、搽粉、穿衣裳、刷牙、梳头，带孩子散步，满足孩子一切的生理需求。

再让我们想一想，当孩子爬上椅子或沙发，有的母亲会用威胁的语调说:“马上下来!”有的母亲在同样的情况下会温和的说:“亲爱的，请从上面下来。”不同的母亲用不同的方式纠正孩子。

是的，你完全能想象得到，无论母亲用愤怒还是亲昵的语气说话，她们的最终目标是一致的，对孩子而言并无区别。两类母亲都力图阻止孩子继续他所正在做的事情。假如一个孩子想坐在楼梯的台阶上，但被马上告知:“噢!别坐在那么脏的地方。”那么无论语气是硬是软，禁止终究是禁止。

如果你总是根据成人的想法阻止儿童进行你认为不应

当从事的行为，那么儿童的境地就同伦敦城里的无家可归者一样。举个例子，无家可归者想找个地方睡觉，先试着去教堂，却被管事的叫嚷着“滚开！”给轰走了，接着他去公园的长椅，却被粗鲁地推了出来。最终，由于哪儿也不让他们睡觉，他们只能整夜在街头游荡。

儿童的境地也是如此。他们不能使用身边成人世界里的任何东西。一旦涉及旨在给成年人使用的贵重易碎物品，如瓷器、手表、墨水瓶等，“放下！”便成了一道惯常的命令。在成年人的环境中，他们不允许儿童碰几乎任何物品。

给孩子一个橡皮球或其他的玩具，告诉他要好好玩，但是很快，孩子就将玩具扔到了一边。在不知道儿童也有理由表达意见的情况下，家长会抱怨说：“每次我把玩具给他，他要么就弄坏了要么就给扔了。”家长这种行为令人悲哀的一面就是专横，这使儿童感到他每一次积极探索的意图都会被勒令停止，他追求生理和心理活动的天性遭到阻挠，他时刻经受着压抑的煎熬。

母亲和保姆也许没有意识到她们有持续压抑孩子的倾向。但事实摆在眼前。儿童渴望使用眼睛、耳朵、双手、双脚以及身体，努力掌控他所处环境中的细节，思考关于周围环境中的各类物体，从事物中直接获取知识。母亲和保姆对这些却毫不察觉或一无所知。

另一个严重的问题是给予儿童的帮助太过泛滥了。这些帮助实际上成为一种阻力。每一位称职的母亲都会帮孩子穿衣、梳头，带孩子去散步，为孩子做许多其他的事情。有的母亲说:“我们的职责就是为了孩子竭尽所能。我们为孩子做得越多，做母亲就越称职。”但我们想指出的是一旦超出了一定限度，儿童获得的帮助反而会成为其发展的障碍。

过去有这种人人赞赏的母亲。她会说直到孩子十二岁时她一直都在帮孩子洗澡，大家会评论她:“这真是一位了不起的母亲!”那个时候，人们还没有意识到仅仅满足儿童的生理需求是不够的，儿童最重要的需求是获得帮助以便他能最终进行自助。当时，人们还不理解儿童需要变得独立，而过多的帮助与扶持无法使儿童获得这种成长发育所必需的独立性。

巨人庇护、帮助侏儒不会持续长久，因为这种庇护与帮助削弱了侏儒的能力，使他们不堪一击。巨人的仁慈就是侏儒的祸根。我们必须提供给儿童的是有助于其发展而不是阻碍其发展的服务。

Part 3
活动与独立性

教育的目的就在于摒除不必要的帮助，只给予必要的帮助，以便儿童能自我发展。这意味着成年人应当将自己对孩子的理解重新加以定位，以帮助解决这一严峻的问题。自我活动于是成为教育的基础。

由于天性的趋使以及根据发展的规律，尽管不被成年人所理解，儿童必然对两种基础性事情尤为认真。

第一种基础性事情是对于各类活动的喜爱，与之伴随的是儿童对达成目标的渴望，这两者对儿童而言都富有意义且十分重要。在成年人看来，儿童的活动和成就不值一提，但无论成年人的观点如何，这些重要且必要的“职责”都要由儿童自己加以履行。儿童的活动中主导的一面就是模仿成年人。他们对模仿并没有加以思考，只是用自己的方式达成模仿活动。“模仿”对于将来走向社会的人格塑造非常重要。

第二种基础性事情是独立性。所有为成长所付出的努力其实都是为了获得独立而付出的努力。对个人而言最重要的课题，即他能作为个体独立运作。为了成长和发展，儿童必须获得独立性。

从什么时候开始儿童就需要不依靠帮助而独立行事呢?

答案很简单：在生命的最初，他们就需要自己做事情。从他们能做事情的那一刻起，成人就应该放手让他们去干。孩子们一次又一次向我们展示这种独立从事的强烈愿望。我们常常听到几岁大的孩子说：“帮我怎么自己来做这个！”通过帮助儿童自己做事情，你实际上也就是在帮助儿童获得这种独立性。

儿童之家的配备设施可以给予孩子们这种类型的帮助。在儿童之家，我们给孩子们他们能够自己驾驭，或是可以学着掌握使用的物品。这一原则在儿童自己的家庭里也能够并必须得到运用。从尽可能早的年龄开始，我们就应该向孩子们提供能够帮助他们自己做事情的物品。

正是通过帮助儿童以自助，我们给予儿童一种能令其获得独立性的帮助。为了教孩子如何梳头，你得给他一面小镜子，一把适合的小梳子；为了让孩子自己洗手，你得给他不大不小的各种器具。儿童因为自己能从事一项事情而欢欣鼓舞，他会兴致勃勃地继续下去。由此，我们传授给孩子一种必要的生活方式。

当然，以上也会导致非议。其中之一是有的妈妈会说：“他自己洗手的时间我连十个孩子的手都洗完了。”所以，有必要建立一个专门机构，在那里，儿童能够平和地投入这些活动而不会给他人造成不便。儿童之家的诞生正是为了向儿童提供满足其需要的物品，提供适合儿童的各类“工作”，提供充分理解儿童天性喜好、能正确帮助儿童的教师。我们的教师不会因循守旧，不会阻止、代替儿童去做他们本来可以自己去完成的事情。

作为旁观者，成年人可能认为儿童之家的各项活动并没有直接的实用价值。但是这些活动就是儿童发展的方式方法。他们满足了儿童的渴望，即儿童盼望使用眼睛、耳朵、双手、双脚以及身体，思考周围环境中的各类物体，从事物中直接获取知识。

除了引领独立、精通细节之外，儿童之家的这些活动还解决了其他的问题：自我专注以及为达到目标而不断地追求，可以消除思想和行为的缺陷；儿童有机会开展适合的活动，那么他们受到压抑的可能性就被消除，不管这种压抑是显得温和，还是显得强烈。我们将在下面的章节详述以上这些要点。

在此，我们想要强调的是儿童之家这些活动的必要性，要知道孩子们对这些活动往往乐此不彼。对儿童而言，心理上的饥饿感同生理上的饥饿感同样真实。拿生理饥饿打比方，我们可以描绘出什么是心理饥饿。

比方说你现在饿了，手边没有任何食物。有人走到你面前说："你真是太不幸了。我很同情你。我会为你祈祷。衷心希望有好心人能给你吃的东西。"你向另一人乞求，他却说："滚开。滚远点。"两种人都没有为你解决饥饿问题。无论是虔诚的善人还是粗鲁的恶人，对你而言并无实际区别。两种待遇都无法让你消除饥饿。

正如一个生理饥饿的孩子往往表现得急躁、顽固，一个心理饥饿，心灵渴求活动、发展与锻炼的孩子也同样表现得急躁与顽固。生理饥饿的孩子需要食物，心理饥饿的孩子则必须充实他的心灵。我们还要补充的一点就是——如果别人享用了你的盘中餐，你是无法恢复自己的体力的。

让我们通过阐明独立的必要性来作一个总结。拿走路打比方：儿童都喜欢自己走路而不喜欢被抱着，在经过若干时间之后，每个儿童都会学会自己走路，家长们难道不是对孩子的这一进步欣喜若狂吗？没有哪一个父母会因为孩子将会从自己身边走开而去阻止他学习走路。你也肯定从来没有听过哪对父母说："因为我想让孩子一直依赖我，所以我一点也不想让他自己走路。"

另外，你见过哪个已经十五岁的孩子还要人抱的呢？但是尽管这个孩子实际上并没有被人抱着，家长和教师却在思想上、道德上和其他方面背负着原本属于孩子的事情。这种帮助是不智之举，是一种阻碍。简言之，教育的目的就在于摒除不必要的帮助，只给予必要的帮助，以便儿童能自我发展。这意味着成年人应当将自己对孩子的理解重新加以定位，以帮助解决这一严峻的问题。自我活动于是成为教育的基础。

Part 4
发展的自然法则

母亲能声称“我塑造了这个孩子鼻子的线条，选择了眼睛的颜色，或者铸造了这副身材”吗？她只不过等待着而已。孩子自己自然而然地生长，父母的崇高就在于他们为孩子来到这个世界上成长发育作出了重大贡献。然而生命的奇迹还在延续。在植物王国、动物王国以及孩子们的世界里，生命的奇迹随时在上演。

教育的新举措必须建立在儿童发展的自然法则基础之上。在指引孩子的过程中，我们应当避免对孩子过于苛刻，避免压抑孩子，虽然这种压抑时常伴随着“甜蜜感”。我们应当根据已经确定的发展法则严格遵从自然天性。

发展的自然法则以明确不变的方式作用于植物、动物和儿童。我们首先从儿童方面着手考察。

孩子是伟大的建造者、不凡的建设者。如果你问问自己:“谁给了我今天所拥有的力量、智慧与知识?”答案或许是:“正是幼年的我成就了如今的我。”你的父亲也许在你出生之前就已经过世，但你还是可能拥有如今同样的力量、智慧与知识。你的母亲也有可能在你出生伊始便离世，这同样改变不了你如今所拥有的力量、智慧与知识。但是，如果孩提的你无法生存下来，又何来今日的你呢?

这是无法否认的，这是大自然最伟大的事实。儿童是成年人的建设者和制造者。儿童是成人之父。

我们并非要试图推翻对自己父母的崇敬之情；只是希望为儿童也争取到这种类似于对父母所怀有的感激爱戴的情怀。因为，儿童并不是成年人的制造品，而是成年人的缔造者。儿童与成年人在生命轮回中各司其职，所以有必要对双方共同的职责和各自的相对重要性都有个认识。

你也许会说:“听起来都很不错，但是孩子究竟做了些什么呢？除了渐渐长大，他们什么也没做。是谁让孩子成长的呢?”

一定有一种神圣的力量让孩子自己成就了他自己。在此，我们还可以发问:“母亲究竟又做了些什么呢?”她只是等着时间流逝，等到时机成熟，孩子便出生。而孩子一旦出生，他已经是一个有眼、有耳、有腿、有身体的人。可是母亲究竟做了什么？她仅仅是等待着，让孩子自己创造了自己而已。

母亲能声称“我塑造了这个孩子鼻子的线条，选择了眼睛的颜色，或者铸造了这副身材”吗？她只不过等待着而已。孩子自己自然而然地生长，父母的崇高就在于他们为孩子来到这个世界上成长发育作出了重大贡献。然而生命的奇迹还在延续。在植物王国、动物王国以及孩子们的世界里，生命的奇迹随时在上演。正如植物和动物遵循它们生长发育的自然法则一样，儿童的发展也必定如此，只不过在儿童发展和其他生物发展之间既相类似也尚存在区别。

让我们用鸡的成长打个比方。鸡蛋中黄色的部分叫作蛋黄，它被周围的蛋白包围。鸡蛋中心有个很小的白点，这就是创造性的力量发生作用的地方。将鸡蛋放入孵蛋器中，设置适合的温度，关上抽屉，然后等待二十一天。让我们看看接下来会发生什么。打开抽屉，好像听得见敲打的声音，这声音是从蛋壳里面发出来的。突然蛋壳破碎，一只小鸡破壳而出。这只小鸡覆盖着黄色的绒毛，拥有明亮的小眼睛，已经可以看得见东西，它的一双小脚已然能够适应走路的需要。

可以确定的是这只小鸡并非由鸡妈妈制造而成。当然，根据自然天性，鸡妈妈需要履行她的职责。如果没有孵蛋器的话，鸡妈妈会取而代之认真地孵蛋。这时，一种奇怪的兴奋之情笼罩着它；对蛋的强烈热爱充斥着它，使它为提供足够的温暖而心甘情愿地孵蛋。母爱使鸡妈妈孵蛋长达三个星期之久，以确保鸡蛋孵化所需的一切条件都得到满足。

当蛋被孵化出来后，母鸡继续照料她的后代。它用翅膀聚拢它们，给它们温暖，保护它们，教它们在地上啄食。小鸡以母亲为榜样，边干边学。你看得出小鸡在母亲周围是多么高兴。母鸡给了小鸡爱、温暖和牺牲；但是它并没有“制造”出这些小鸡。

我们可以将蚕的发育过程作为另一个例子。一开始，这些宛如沙粒般的斑点就如同鸡蛋中的白点。过了一段时间，颗粒长成了蠕虫。现在蠕虫需要进食了，它们是素食主义者，而且奇怪的是，它们的食物只来自一种特殊的树上的叶子。

蚕的胃口惊人，它们不停地进食，也不断地生长发育。但是假如没有这种特殊的叶子，这些可怜的蚕会怎么样呢？在自然界中，命中注定了蚕的卵一定是被产在这种特殊的树叶之上的。

产下蚕卵的蛾子后来怎么样了？一旦产完卵，蛾子就死去了。蛾子选择在对蚕宝宝们而言安全可靠的地方产卵，选择在特定的树上产卵以便它的后代能享受到作为特殊食物的这种树木的叶子，蛾子从没机会看一眼蚕宝宝。蛾子必须遵从这一套神秘莫测的规则和指令。它向蚕宝宝们提供了它们自我成长所需要的各种条件和设施。

利用所提供的条件，蚕开始了自我活动。它会建造一种奇妙的建筑结构，这种结构通常称之为“茧”。只用一根连绵不断的丝线，蚕就可以做成这种一成不变的形状。人类用蚕茧的丝线为女士们做成漂亮的衣裙，或牧师的法衣，或公主的长袍，以及其他许多被称为真丝制造的产品。蚕的丰功伟绩是遵循自然规律的结果。

在植物界和动物界，还可以找到许多证明生物通过自我活动成就了自己的例子。作为结束，请再想一想宏伟的橡树，橡树的生长同其母体没有丝毫关系。这就是造物的秘密。

通过自我活动所进行的成长和发展是大自然最伟大的奇迹。

每一个生物的发展都必须在所分配的精确时间内完成，正如我们对某些独特细菌生长过程的了解可以精确到分钟。没有什么比处于生长发育过程中的生物更能遵循且忠于时间表的安排；没有什么比创造现象更能作为对自然规律绝对服从的最好例证，这种服从甚至不会面临有被违抗的可能性。

当万事万物都遵从一种神秘的指令；当万事万物都是为了履行某个计划，人类的生长发育难道无规律可言吗？我们所要承认的仅仅是人类根据生长和发展的法则创造了自己。但是人们往往对这一事实视而不见。这种无意识的隐瞒阻止了奇迹的显现。

嫩芽长成绿叶，这就是你眼皮底下生物的生长发育；花朵的生长也一样；胚胎经历不断发展的变化，而每一次变化都是根据特定的进度表发生在特定的时间。从一个刚出生、不能言语、无法思考、无协调动作的婴孩，变为独立的、能说能想能动的个体，如若不遵循自然规律与法则，这一切能发生吗？

发展的法则无处不在。你需要去观察、去探究、去遵循。我们应当在自然生长发育的法则范围给予儿童发展的自由。

Part 5

儿童发展的不同阶段

儿童发展的第一个阶段是从婴儿出生到其乳牙被恒牙所代替，这一阶段跨越大概六年时间。第二个阶段发展至青春期的到来，也就是大概在十二岁的年龄段。第三个阶段至十八岁，智齿开始生长。智齿的出现意味着孩子的生理器官已然接近成熟。十八岁之后人的发展并未停止，只不过，这个年龄为孩子的生命划定了界限。

为了学习主导生物发展的法则，就有必要先学习生物发展不同阶段的特性。每一个生物都见证了生命的原则是活动和适应。我们将谈及生命的两个不同层面，首先是物质生活，然后是精神生活或心理生活。

生命是一个统一体。首先开始的是一场伟大的冒险，也就是生命的诞生，从生命诞生后的第一个小时，更肯定地说是从第一天起，精神生活的存在便有迹可寻。换句话说，那时已经可以找到思维运作的证据。

儿童的精神生活并非突然存在。婴儿在出生之前必然已经开始了某种形式的精神生活。而婴儿在产前的精神生活，以及产后短时间之内的精神生活必然同我们所认知的通常意义下的精神生活有所不同。通常意义的精神生活，其最主要特性就是具有目的性的活动以及思考的能力。由出生伊始，儿童将经历生理和心理发展的各种不同时期。儿童的生理发展和心理发展是两条平行线。我们现在来看看这些不同的阶段。

儿童发展的第一个阶段是从婴儿出生到其乳牙被恒牙所代替，这一阶段跨越大概六年时间。第二个阶段发展至青春期的到来，也就是大概在十二岁的年龄段。第三个阶段至十八岁，智齿开始生长。智齿的出现意味着孩子的生理器官已然接近成熟。十八岁之后人的发展并未停止，只不过，这个年龄为孩子的生命划定了界限。

你也许会认为以上的划分太数学化了，已经偏离了现实生活。但是生理发展的里程碑以及与之平行发展的心理特质都在六岁、十二岁和十八岁的时候清晰地显现出来。我们必须记住以上的阶段划分没有放之四海而皆准的精确时间限制，它只是代表了一种平均标准。而在平均标准之外，有波动起伏，有滞后也有超前的例子。这些波动起伏也就是每个个体的不同。

有的儿童在六岁的时候已经换掉了全部乳牙；有的儿童却在六岁后晚些时候才开始换牙。这些不同个案的差别也体现在智齿的生长萌出上。对具体个案不同情况的研究固然重要，但大千世界芸芸众生数不胜数，上述的平均标准为我们提供了一个有用的工作基础。我们认为，平均标准也可以为个案的研究提供指导。

以上所述为不同发展阶段所划分的时间范围不仅因为各人情况的不同而有所差别，也受到不同性别的影响。男性同女性在这方面的差别显而易见。因此，上文所提到的平均标准显得更为实用。在古代，这些不同发展阶段的时间划分就已经得到了承认和运用。

但是古今相对照，区别依然存在。过去，旧式的教育者将儿童在校期间作不同阶段的区分是根据已经制定颁发的教学大纲；当今的教育者更注重满足儿童自然天性和发展的需求，而不拘泥于只是为方便成年人教导儿童而制定的所谓教学大纲。但是令人鼓舞的是，无论是旧式还是当代的教育理论在划分前述儿童发展的三个不同阶段的平均时期问题上都取得了一致。

现在我们来看一看儿童生命之中的头三年。这一个阶段迄今为止还没有被教育工作者纳入考察研究的范围之内，因为他们普遍认为在生命的这一阶段是无法向儿童灌输知识的。基于这个原因，这一阶段也往往被学校教育拒之门外。同样，关于这一阶段儿童的天性、性格和需求的研究也被忽略和忽视了。

直到不久之前，哪怕是四岁到六岁的儿童仍然被正式教育拒之门外，因为这些儿童被认为太年幼而无法接受教导。在这里需要提及的是，在过去，教育同“教学”是画上了等号的。

当教育家们刚开始考虑为四岁到六岁的儿童提供某种形式的教育时，他们将其称为“学前教育”。这种态度已经表明了儿童六岁之前并不必受到正式教育。如今我们已经认识到教育的进程应当尽早起始于儿童的诞生，而儿童的发展并不是在某一个年龄段才突然发生的事件。

教育的症结在于如何针对儿童在不同的发展阶段提供合适的条件和设施。儿童从出生到头三年的教育过去一直在家庭中进行，这种教育往往取决于父母和监护人。在许多不同的国家，如今的趋势是将三岁到六岁的儿童送往被称为“幼儿园”的特殊学校。

儿童之家接受两岁半到三岁的孩子，这些孩子在儿童之家将一直待到六岁。基于这个原因，本书将尤其针对这个年龄段儿童教育的方针和方式方法作特别且详细的介绍。

但是每一个生命都是一个统一体，每一个延续的阶段都只是之前已经建立的阶段的进一步发展。尽管本书中大部分章节都将侧重于三岁到六岁儿童的需求和需要，针对三岁之前以及六岁之后儿童童年知识的各项研究却不应该遭到忽视或者排斥。我们的教育工作将逐步地涵盖儿童直到成人的整个教育周期，甚至会涵盖成人之后的教育。

在出生之前，儿童就已经拥有了所有重要器官，这些器官在他们出生之后继续生长发育。与之同时，儿童精神生活的基础也已被建立起来。儿童自出生开始头三年的发展同其生命中前前后后所有不同阶段相比，无论在发展的紧密度还是重要性方面都卓然不群。

在下一章，我们将详述儿童生命之中的头三年。

Part 6
生命之中头三年

儿童之家所欢迎的每一个孩子都是英雄，他是征服者，他历经战斗的洗礼，品尝伤痛，忍受折磨又逐渐康复，如今他已经取得了辉煌的战绩。我们将他视为一位拥有“经验”与“财富”的可敬之人，而不仅仅是一个三岁的孩子。

考虑到生命头三年中人对环境的转变、适应、征服和所取得的成就，就功效而言，这三年比之后人们终其一生的所得更加意义深远。也正因为如此，我们认为“三岁定终生”不无道理。

由于在这集中的三年期间儿童的生长发育在方方面面加速进步，当一个三岁的孩子加入儿童之家的时候，我们认为他的“年岁”其实更大。不错，从数字上看，他的确只有三岁，但就关键的发展而言，他已经完成了一个生命的周期并也已经拥有了完整的生活经验。

可以说儿童之家所欢迎的每一个孩子都是英雄，他是征服者，他历经战斗的洗礼，品尝伤痛，忍受折磨又逐渐康复，如今他已经取得了辉煌的战绩。我们将他视为一位拥有“经验”与“财富”的可敬之人，而不仅仅只是一个三岁的孩子。请仔细想一想，你也会同意这三年不仅仅关乎儿童的发育成长，它使得站在我们面前的这个孩子显得如此的不可思议。

让我们更进一步地考察来到儿童之家的三岁孩子。当他刚出生的时候，就运动能力而言，他如同瘫痪。到如今他能走能跑，有时候他甚至跑得如此之快，连成年人都追赶不上。这个成就是相对微小的，还有更惊人的现象。

他能理解发生在家里、院子里、路上和邻里间所发生的几乎一切事情。如果你仔细观察，你就会明白这个年龄的儿童已经能理解发生在周边的很多事情。假如提及一个名字或一件物品的名称，他也能知道你在说什么。这个年龄的儿童已经取得了令人难以置信的成就，而这些成就又恰为他所必需。

为了感知和理解身边的一切，儿童必须进行一场个人的征服之战。他所有的成就都是悉心观察的结果，个人研究的成果。在短时间内，他已经能够领会、认知事物，而成年人往往需要更长的时间才能完成这些任务。他所取得的一切成就并非天生，而是他自身活动的结果。

我们常常强调出生的过程是一次伟大的冒险。想象你自己被送到一个陌生的、完全不同的国度。想象一下你突然被送到月球上，你所感受的变化和儿童出生时经历的变化相比还是要逊色得多。

出生之后，孩子发现自己身处于一个在各方面都全新的世界。一个到达新国度的成年人无论如何会对这个新国度有所了解。但是对孩子而言，这种经验却无处可寻。然而，在未来一年、两年、三年内，这个孩子却可以做到要花费一个成年人二十年时间才能做到的事情。

儿童所有这些为了生存所需要的技能以及大量的知识并不是与生俱来的。无论在哪里出生，孩子们总能向我们展现这种学习能力的奇迹。一个出生在小渔村的儿童会从他周围环境中摄取知识，他的这种才能同一个在纽约出生而对高楼大厦、车水马龙、飞机与城市噪声习以为常的儿童所具备的才能并无二致。学习的成果是他个人的一项成就。

这意味着儿童具备一种成年人所不具备的特殊能力。作为例子，让我们来看一看这个年龄段的儿童在掌握语言方面的惊人天才。你也许会认为天才是自然生成的、先天的、遗传的。并且，有时候，人们还将儿童的语言学习归功于他的母亲，也正是因为如此，人们才将儿童最先从母亲那里学习到，或母亲“教授”给儿童的语言称为“母语”。其实，将语言学习归功于母亲有失公允。

人们普遍认为是母亲“教会”了儿童某一种或几种语

言，这并非属实。尽管他的母亲不在身边，在出生时就失去了母亲的儿童也会学了说话。

再想象一下，一位来自意大利的母亲带着孩子到纽约定居。过了一段时间之后，她的孩子也会说带有美国口音的英语。这位母亲可没有办法教孩子，她既不懂英语也不晓得美国口音，但她的孩子最终会和纽约其他任何一个孩子一样说一口流利的美式英语。

事实是——儿童自己在学习语言，并且学得极其出色。不论我们的教育背景如何、学习得有多刻苦，儿童比我们学得要好得多。最让人匪夷所思的是，全世界所有的儿童在同样的生命阶段都具有这种学习语言的天赋。

此外，还让人感到奇异的是，无论一种语言是简单还是困难、原始还是先进，儿童都能以同样的才能与热情吸收、掌握这门语言。有些非洲部落的语言还没有完全发展，只包括了较少的词汇量。你会发现这里的儿童和那些在英国、法国、德国和意大利这些语言复杂、词汇庞杂的国家中的儿童一样，轻易地吸收和掌握目前使用的语言。

你也许会注意到儿童运用语言的能力与周围环境对语言的要求是相符合的。通过自我活动进行语言学习的天赋可以说是一个例子，它证明了这个年龄段的儿童在许多方面拥有征服环境的卓越才能。

显而易见，根据发展的规律，在这段时期内，儿童能轻而易举地完成他以后将无法完成得如此出色的许多事情。儿童自有一套成人所无法模仿的方式方法。如果成年人想帮助儿童，他们必须首先向儿童学习。这种认识将有助于成年人允许儿童根据其发展不同时期的特性而自由发展。

我们现在来总结一下如何对来到儿童之家的三岁孩子进行定位。出生之后第一年，孩子已经发展成为一个知道如何掌握自己身体、如何辨别不同物体、如何思考、如何说话、如何行走的个人。第二年，他进一步发展自己并提高掌控环境的能力。第三年，在来到儿童之家之前，他继续巩固所有之前已经取得的成绩。由此，儿童之家所负责的是一位不依赖帮助而通过自己的努力获得发展的人，他创造性的推动力使得他成就了他自己。

Part 7

儿童发展面面观

在生命最初的大概两年当中，儿童经历巨大的生理发展，但是他们心理上的发展却更为重大。

这个时期的心理发展经历了一个逐步清醒的过程。儿童需要接受外界的刺激，光、声音、气味、味道、手感、形状、轮廓、风景，一切的一切都在呼唤、邀请儿童的注意力。我们认为，为了促进必要的发展，在儿童和他所处的环境之间一定存在一种社会关系。

一个生物体有时候会经历一场突如其来的生理发育。在这期间，个体的健康不如平常，变得柔弱易病，精神上也不如以前来的警醒机敏。换句话说，生理发展是以牺牲心理发展为代价的。在生命最初的大概两年当中，儿童经历巨大的生理发展，但是他们心理上的发展却更为重大。

我们现在来看看儿童的生理发展。六个月大时，婴儿的体重是出生时的两倍，而一岁时，孩子的体重达到出生时的三倍。如果仅仅只是读到以上的事实数据，你可能对儿童这种发展的量度不为所动。所以，到了我们需要运用想象力的时候了。

假设你有一个重150磅的朋友，半年后见到他，他的体重达到300磅，又过半年再遇见他，他的体重已达到450磅。儿童的发展就好比这样。现在，你可以想象到在十二个月中儿童身体发展的幅度是何等之大。

上述生理发展在以后的岁月中以一种较小的幅度继续

进行，与之同时，人的心智发展则看似消失了，这同生命最初几年形成鲜明对照。前面已经提到，在这最初几年中，同显著的生理发展紧密相随的是更为重大的心智发展。

在大约两岁的时候，儿童的所有思想能力便已形成并开始发挥作用。他们的理解力、记忆力、想象力和思考能力变得敏锐，也变得分外活跃。儿童会积极地运用所有这些为征服他所处的环境所必需的工具。心理学家们已经越来越认识到个体生命中的最初几年的重要性。

我们现在来关注一些有关胚胎发育的事实。胚胎的发育在婴儿出生之前就已经开始，并且在出生后的最初几年里继续紧密发展。人体内的某些腺体的分泌物流入血液中，而这种流入并没有任何外在迹象。有一种腺体决定我们皮肤的颜色。有其他的腺体直接影响身体对钙的吸收，而钙是人体骨骼的主要组成部分。还有的腺体决定了组成人体肌肉时身体对糖分的吸收。这些腺体在婴儿的胚胎时期就已经开始工作，并且在出生后继续发挥作用。

与之相似的是人体大脑的构成部分之一——小脑的发育。小脑的发育帮助儿童获得平衡感。因此，只有在小脑开始发育之后，儿童才开始坐起来。小脑的进一步发育将帮助儿童学习站立以及独立行走。

生命的最初几个月，小脑的发展极其缓慢。在大约出生后六个月，它开始急速地发育生长并且很快达到相当的容量。这种发展从六个月持续到儿童十八个月；然后它的发育渐渐减缓直到儿童大概四岁半的年龄。

以上的诸多事实说明许多重大的发展都发生在婴儿出生后大约六个月的时间。同样是在大约六个月大的时候，婴儿的胃部开始分泌胃酸，第一颗乳牙也萌出了。以上两种现象表明儿童这时可以消化食物，并且需要进食乳汁之外的其他食物了。

有必要强调一下在儿童发展的过程中牙齿所起的重要作用。自然让牙齿成为衡量个人发展的里程碑。无论何时一个人的牙齿出现变化，都意味着在这个人身上有重大的事情即将发生。你可能已经注意到了，在人的胚胎阶段，用以决定将来会发生什么事情的计划就已经制定完成，牙齿就是这个计划的最初组成部分之一。

我们已经指出在婴儿大约六个月大时萌出第一颗乳牙的重要意义，在出生后大约两年半的时间里，所有其他的乳牙都会陆续萌出。我们也指出了在儿童大约六岁时他的全部乳牙将被恒牙代替，并且到了十八岁时他的智齿便会出现。以上这些现象至关重要。

让我们现在来看看在生命的最初阶段儿童的心理发展如何。我们将考察儿童与其环境的关系。儿童通过感官收集对外部世界的各种印象。为此，他使用的器官包括眼睛、耳朵、手以及其他用于触觉和嗅觉的器官。语言由于包含了声音，因此也被视作感官的一方面。

这个时期的心理发展经历了一个逐步清醒的过程。儿童需要接受外界的刺激，光、声音、气味、味道、手感、形状、轮廓、风景，一切的一切都在呼唤、邀请儿童的注意力。我们认为，为了促进必要的发展，在儿童和他所处的环境之间一定存在一种社会关系。

早在出生后第一个月，儿童就已经需要外部世界向他发出这些呼唤和邀请。假如你带着一个月大的孩子来到花园，他不会显得激动，他会只是平静地观察四周。重复性的动作往往可以帮助唤醒儿童的兴趣。为了建立起一种纽带，我们建议在几天或几个星期之内经常性地带孩子去同样的花园或公园。

如果你仔细观察小婴儿，你就会发现他们对很多你认为他们不屑一顾的事物有着浓厚的兴趣。你也会看到他们如何接受环境，先是静静的，然后随月龄增大变得越来越活跃。

有一种理论认为孩子必须整天睡觉。在这种理论的影响下，父母带着孩子外出时将孩子包裹在他们什么也看不到的婴儿推车里。但是孩子出生难道就是为了睡觉的吗？即使在早期，我们也必须创造机会以满足儿童内在的、自我发展的渴望。所有来到这个世界的孩子都是为了去看、去听、去了解、去同外部世界建立关系。

有些人也许会说："这些新的观点都对。但是过去的孩子不也照样被抚养成人吗？"我们对此的答案是考虑到社会发展的新秩序，这些新的观点变得尤为必要。在过去，孩子们也并没有整天睡觉，他们同母亲时刻不离，而不是由保姆或其他任何的看护者来照看。

过去，母亲走到哪里，孩子就跟到哪里。孩子的食物来自母亲，因此孩子同母亲形影不离。无论母亲在家里、院子里还是田野里，她总是带着孩子。自然决定了孩子的食物供给来自母亲，并通过这一安排让孩子建立了同外部世界的联系。由于这一旧的情形已经被改变，就有必要引入新的观念。

在现代，如果想在早期就将儿童投入外部环境中，则面临着许多实际的困难。在现代的状况下，就有新的需求产生。新病还需新药治。

与儿童需要同自然产生联系一样，他们也需要社会生活。在六个月大的时候，儿童对这种社会生活的需求是如此迫切，以致如若这种需求得不到满足，他们就会生病乃至死亡。这并不是夸夸其谈，而是已经被证实的事实。我们来看看下面的例子。

荷兰的一座城市有一所研究机构，旨在帮助贫穷的母亲以清洁卫生的方式抚养孩子。全世界都没有比荷兰更洁净的地方。这所研究机构也运营得非常顺利。所里的主任医生谨慎认真，他悉心研究出机构内每一个孩子的不同食谱并仅根据食谱供应食物。假如在对待儿童的食物与卫生的处置上存在科学的完美主义，这个研究所便是完美主义的体现。

研究所里的每一个孩子都被隔离起来、被保护起来，以便杜绝任何可能的感染。这里每一件物品都经过测量且恰到好处。所有的房间、床、衣柜、护士们都干净得一尘不染。但是显然，这里还是缺少了什么。忽然之间，研究所里大多数孩子都生病了。由于有这么完善的卫生措施，在研究所内发生传染性疾病是不可想象的。

医生们极力想找出这种流行病的病因。他们认识到某种重大的因素被忽略了。他们注意到那些经常同母亲来药房拿药的儿童并没有感染这种疾病，尽管这些儿童的日常环境显然还达不到卫生标准。不久，有一些生活在机构内清洁环境中的儿童已经濒临死亡，医生们认为有必要让这些儿童回到家庭回到他们的母亲身边，这些孩子的母亲会在她们力所能及的范围内照顾生病的孩子，给予全心全意的关怀、爱以及简单的治疗方法。所有生病的孩子都迅速恢复了健康，卫生研究院内的特殊疾病也消失了。父母给予儿童的心理和心灵的维生素，远比卫生研究院的维生素更为优越有效。

对社会生活的需求，对走出去、与人见面并与之交谈的需求，是儿童需要同外部世界进行交流的重要组成部分之一。

Part 8
语　言

如果儿童不是通过生活，而是需要靠他自己的努力、需要找一名教师教他如何学习第一语言的话，将会出现什么状况呢？想象一下，那得需要多少语言学校、多少语言教师才能让全世界的儿童都能学会自己的语言？世界上又有多少人会因为学校和教师的不足无法让儿童学习自己的语言而沉默不语，乃至终生都无法言语？

语言是人类进步的最有力工具。儿童在最早的阶段就能够掌握语言。有观察已经表明：儿童在生命最初几年就拥有征服语言环境的天赋。鉴于语言在儿童发展过程中的重要性，本章将专门详述这一主题。

语言是什么呢？它只是一连串的声音而已。人类的嗓子发出的声音其本身还不如钟打鸣来得悦耳。它们也没有任何意义，是人类将各种意义赋之于上。然而，一旦声音叠加组合成词组并表达出既定的意义，它将从一个人向另一个人传达思想与情感以及现实与经验的方方面面。通过语言，某一个人的知识与经验将传至另一个人；上一代的知识与经验将流传至下一代；而通过大量书写的形式，语言则包含了人类在所有艺术和科学方面几经积累的知识与经验。

由于经过数个世纪、数代人的使用和发展，某种语言会达到一种高层次的完美状态，它犹如一辆运载了人类思想和言论的载重车。

前面已经谈到在生命的最初几年，儿童展现了他从其所处的环境中获得语言的惊人表现。值得注意的是，语言是儿童最早获得的工具之一，而语言这个工具将对儿童未来的进步和提高起着最重要的辅助作用。

现在我们来谈谈关于语言和儿童使用语言的几个科学事实。研究过这一课题的人会发现，儿童理解一门语言的能力和通过口语来表达自己的能力，两者之间存在很大的不平衡。也就是说，儿童能够理解的词汇量远远大于他们能用来表达自己意思的词汇量。这也是有关人类心智的一项基本事实。我们中的大多数人在头脑中储存的思想要多于能表达出来的思想，我们头脑中所储存的词汇也多于我们能使用的词汇。

当科学家们致力于研究这一现象时，生物学方面作出了一些重大发现。研究发现人类大脑中有两个中枢同语言相关：一个是大脑中的感受中枢用以记录口语词汇；另一个是运动中枢，它在我们说话的时候开始运作。两个中枢的同时存在被用来解释为什么感受中枢储存起来的词汇量同运动中枢发出的词汇量并不等量平衡。

下面的例子可以说明这种不平衡。一家大卖场里大量商品正在待售，但是只有少数几件商品同进商店来采购的顾客发生关联。这同头脑中储存起来的词汇的状况有些相似。在说话时，我们只能使用感受中枢储存起来的一小部分词汇。究竟为何如此，答案仍然是一个谜。由于我们仅仅知道某一个人所能够表达出来的词汇和思想，至于他所有的其他词汇和思想，我们还不甚了解，于是只能作一些推论。

有关语言发展的另一个事实就是，儿童的语言发展并非依次渐进等量进行，而通常是且进且停，其间会夹带突然的重大突破。这并不是说发展本身无规律可循，而是说发展不是一个逐渐第次的过程。

在孩子大约六个月大的时候，身为父母的你在某一个早晨醒来，听见孩子弄出声响，他发出的音节总是一样的，比如妈、妈、妈、妈。为了能发出这个音节，孩子几乎从出生一开始就着手进行准备工作了。大概一岁的时候，儿童能说出第一个真正意义上的单词——这里我们所指的是儿童用来指示人或物体的第一个词语。

从六个月大开始发出一个音节，到十二个月大开始说出第一个词语，儿童付出了大量的注意力、观察、模仿以及辛勤工作，他终于在第一个发音清晰的词语上取得了语言的胜利。在这之后的六个月后，另一重大事件将会发生。

在十八个月大的时候，儿童开始使用名词或者物体名称，如桌子、狗、面包。儿童似乎已经发现他身边的一切物体都有一个名字，他对身边的一切物体产生浓厚的兴趣，尤其是对这些物体的名字兴趣颇深。

当儿童使用名词描述上述物品的三个月后，他开始使用更大量的词语。我们可以说这是一次名副其实的词语爆发。在这其间，各种各样的词语——名词、动词、介词、形容词、副词都将得到运用。

在词语爆发的几个月后会有一场类似的语句爆发。儿童开始使用各式各样的句子。他已经学会将词语组合在一起构成句子，而且已经能够通过造句来表达各式各样不同的想法。语言胜利的高潮将持续到儿童大约两岁半的年龄。

以上就是儿童在学习语言过程中的主要不同阶段。我们现在来看看其他一些值得注意的现象。

儿童在大约六个月时所发出的第一个重要音节是一个不断倾听过程的结果。倾听要用耳，但同时还有一个通过眼睛获得对说话的印象的过程。

你也许会注意到在儿童四个月大的时候，他会对向他说话的人的嘴巴目不转睛地注意观察。对人类说话声音的这种注意力是如何产生的呢？难道是儿童在运用他的思考能力观察向他说话的人的嘴吗？或者儿童在自己发出带有意义的音节之前，他便制订、实行了一套观察嘴唇、听词汇的逻辑方案吗？

显而易见，一种神奇的力量促使儿童按照合理的顺序经历以上的发展阶段，同时，这种力量也使儿童专注于掌握用以构成他所处环境中语言的各种声音。

不能说儿童只是一架可以记录声音并将其复制的活机器。如果事实果真如此的话，那么儿童应当将他所处环境中所有的声音都加以记录、进行复制。比方说，乡村的孩子每天不仅听到人们说话的语句，还听得到村里奶牛或者水牛的声音。但是当那里的孩子第一次发出声音的时候，他们并没有复制奶牛或者水牛的声音。

在美国和欧洲的大城市，中心车站每分钟都有火车进进出出，火车汽笛的声音接连不断。火车站附近往往有贫民窟，穷人在此挤住在一块儿，这里的孩子也常常听到火车汽笛。尽管如此，没有哪一个孩子在开始表达自己的时候模仿的是汽笛的声音。

尽管听得见奶牛、水牛、火车的动静，儿童并没有复制这些简单的声音，他已经能够分辨、复制更为复杂的、彼此缠绕的声音，就像能分辨不同的语言一样。儿童能够在很短的时间内付出巨大的努力以掌握一门语言。

假如我们去中国，即使不懂中文，也明白那是一种语言，明白中国人的说话发音都包含着各种意思。这同儿童辨别语言的情况不一样。当他来到这个世上，他对语言这个概念根本无从所知。显然，儿童拥有一种无法解释的天性渴望，他渴望通过自我发展来获得语言。他的内心已经逐渐意识到这种迫切的需要，于是辅之以自己的努力以达成此种需要。

在生命之初，尤其是最初的两年半时间里，儿童拥有一种成年人所无法拥有的掌握语言的非凡能力。我们想指出这一非凡能力的几个不寻常的方面。即使没有来自成年人的帮助，没有语法句法的辅助工具，普通的儿童都能按照语法和句法说好本土的语言。他们甚至能适当地使用那些仅用来表示词语意义上细微差别的前缀和后缀助词。

有的语言在发音上存在极小的差别，用以区分名词的阴性、阳性、单数、复数。儿童知道这些差别，并且在说话的时候将其体现出来。还有，句子中的词语必须按照一定的顺序给出以表达明确的意思。有的语言将动词放在句子的最末尾；有的却将动词放在中间。有的语言将形容词放在它所修饰的名词之前；有的却放在名词之后。儿童在没有老师和语法书帮助的情况下能掌握所有这些细节。

儿童所取得的成就并不是无意识发生的，它的意义极其重大。它是人类智慧的表现，在强烈的现实与生活的要求之下，人类智慧锻造了表达的结构方式，建造了与外面世界进行交流的工具。在大概两年半的时间内，儿童就娴熟地掌握了语言，使他能听懂别人的观点和表达自己的想法，而纯熟掌握一种外语则需要一个成年人花费二十年的时间刻苦学习。随着儿童的成长，这个媒介在深度和广度上也获得了发展。但就实际作用而言，可以说在四岁半的时候，儿童对所处环境中语言的征服已经接近完成。

儿童所掌握的并用来作为表达和交流之媒介的语言有一个特性。这种语言充满了同儿童早期环境相关的情绪与感情，并组成了他人格的一部分。有人已经指出，有时被称作母语的第一语言，是经儿童自发性的活动，而在尚未同老师、书本、课堂发生不愉快的情况下所掌握的，它是儿童表达自我和进行艺术创作的最好媒介。

如果儿童不是通过生活，而是需要靠他自己的努力、需要找一名教师教他如何学习第一语言的话，将会出现什么状况呢？想象一下，那得需要多少语言学校、多少语言教师才能让全世界的儿童都能学会自己的语言？世界上又有多少人会因为学校和教师的不足无法让儿童学习自己的语言而沉默不语，乃至终生都无法言语？

但幸运的是，人类的孩子被赋予了一种成年人不具备的惊人能力，在生命的最初几年，他们就能够领会语言，从环境中吸收语言，使之成为一种表达自己思想和接受别人思想的令人满意的媒介。

因此，儿童是文明形成的首要合作者，也可以说儿童是文明的最根本之基础。人类如果没有在孩提时代就通过自己的努力而获得表达的能力，那么即使拥有智慧也一无是处。

儿童被赋予的精神力量与我们成年人的不同。或许可以认为儿童之所以能征服语言是因为他们尚处于创造性阶段，而我们成年人已经过了这个阶段。儿童从外部世界接受印象的方式与我们的方式相差甚大。这个谜也许可以通过以下的比较来揭开。需要说明的是下面给出的比较只是一个比方，而并非对所发生的事实的描述。

儿童的思想类似于一架照相机的感光板。假设我们想照一张风景照，该怎么做呢？我们会在风景前曝光底片。无论照相机前是一个人还是数百个人，对底片而言全无关系统统接收；无论镜头前的人着装统一还是各不一样，胶卷照常工作并无不同。

也许这能帮助了解我们学习语言与儿童学习语言之间的差异。如果一门外语较为简单，我们会学得容易些；如果它很复杂，我们会学得更吃力。而对儿童而言，语言是简单还是复杂，它含有一些还是很多的词语并没有任何区别。儿童对所处环境中存在一种还是好几种语言也不在意。只是别忘了，一件呆板的物体比如照相机，同人的智慧比如儿童思想之间存在千差万别的不同之处。儿童，通过调整自己、掌握语言，为人类进步不断上升的结构奠定了基础，也树立了脚手架。

Part 9

儿童与成人

处于敏感期的儿童就好像一把火，借助儿童发展中特殊敏感性的各类活动，这把火熊熊燃烧且不断消耗与吞噬。当敏感期结束后，火也将熄灭。

然后便开始了需要坚强的决心和艰苦努力的阶段。

童年是一段极具敏感性的时期。其间，儿童对各种印象、情景、声音以及环境中其他各方面的吸收全面缜密且无法磨灭。童年期获取知识的特征是天赋和自发性。

想要了解童年获取知识和成年后获取知识之间的差别，只要想一想儿童掌握母语的乐趣同成人学习外语的苦功之间的差别，就可见一斑。

无须劳累，儿童轻松就能获得完美的结果，而成年人经过艰苦的努力结果却总有缺陷。儿童同成人之间的差别不只局限于在掌握语言上，也延伸至许多其他的重要方面。

我们来看看身体的运动机能这一课题。一个大概两岁半的儿童能独自站立，能走能跑能爬。这些能力是在发展的特殊时期获得的，在此特殊时期，发展是自发性的而不是出于有意识的努力。

在确定了以上能力后，成人开始将他所拥有的运动机能加以完美化。他可以学习舞蹈、游泳或杂技。但是要完成这些，他必须有一个范例、一名教师来介绍不同的步骤，教他如何去做。他得通过长时间的训练、刻意的努力才能在这些领域获得一定程度的技能。我们必须要记住的是——成人完成掌握这些身体运动的永恒基础是孩提时无须艰苦努力，而通过纯粹自发性的自我活动构筑的。

刻意的努力只同成年生活相联系，而童年的特征是自发性的获知。想一想希望成为运动员的成人，他必须不间断地进行训练。钢琴家必须不间断地弹奏钢琴，舞蹈家必须不间断地舞蹈，拳击运动员必须不间断地打拳。所有这些活动都必须通过坚持不懈的、有意识的努力来进行。

儿童同成人之间的这种差别如何解释呢?

我们将求助于生命的法则来寻求答案。有某种力量、某种才能只在生物发展的早期阶段才会出现，成熟期后将不再拥有。在发展进程中的生物会经历某些暂时的、被称作创造性阶段的不同时期。

在这些不同时期，发展中的生物被赋予一种特殊的敏感性，也受制于某种类似于看得见的身体发育上的转变。正是基于这种敏感性，儿童能够从他所处的环境中有所取，并将他所取的变成自己的一部分。

我们拿毛毛虫做个例子。毛毛虫在它发展的特殊时期也有敏感性。当毛毛虫刚从卵中孵出，对光线特别敏感，因此常常跑到光线充足的树枝末端，那里的树叶柔软，适合它这个年龄段的进食。当毛毛虫长大之后，可以吃许多其他的食物，不再需要对光的敏感性，实际上，成年期的毛毛虫会失去这种敏感性。

即使没有了这种敏感性，并不表示毛毛虫就变瞎了。它只是不再受光线的吸引，不再只追随强光而已。虽然它丧失了对光的敏感性，它也许比幼虫期看得更为清楚。我们可以认为在一段特殊的发展时期过后，毛毛虫对光线已不再感兴趣了。

这种情况同人类有些类似。当儿童处于敏感期时，他们会表现出极大的热情，乐此不疲地进行活动。当敏感期结束后，儿童则表现出无所谓的样子。之前对他具有强烈吸引力的事物，如今只不过是他周围的平常所见之一。处于敏感期的儿童就好像一把火，借助儿童发展中特殊敏感性的各类活动，这把火熊熊燃烧且不断消耗与吞噬。当敏感期结束后，火也将熄灭。

然后便开始了需要坚强的决心和艰苦努力的阶段。

但是每一个生命个体都是一个统一体。我们将再一次用语言的发展为例说明这个统一性。在某一个特定阶段，儿童的嘴唇和舌头的运动只能用来吮吸奶水。之后，嘴唇和舌头中的某种纤维开始以特定的方式颤动。声带在早期只能发出哭声和叫声，但在后续阶段它将超越任何乐器。渐渐地，儿童所有的语言机制的组成部分将和谐统一共同运作，使儿童最终能发出人类语言中所有细腻的语调以及复杂的声音。

语言并非易事，它得靠很多肌肉同时协调运动。说话的时候，舌头的不同部分在运动、声带以一种特殊的方式在运动、脸部的肌肉也在参与运动。有的肌肉需要向两边颤动，有的需要垂直颤动，所有肌肉的运动都必须和谐、精确地进行。假如你没有在童年时期就掌握这些协调与配合，那么在以后你不会拥有这种天赋，也不会将说话做得这么完美。

所以儿童奠定了一切的基础。最初的大概两年半时间是基础的形成时期，接下来至四岁半是进一步发展及构建时期。当敏感期创造性活动的阶段减缓，个人的进一步发展和完善将由坚定的努力和有意识的活动来完成。儿童，通过在他自己身上融入其所处环境中包括母语在内的所有基本要素，由他自身体现并保留了人类的这些特质和天才。

想象一下如果成年人依然保留儿童的这种能力，如果成年人通过自发活动、无须刻意努力就能学好极其复杂的语言，那该有多好！想象一下我们能用儿童学习母语的方式使自己成为工程师、数学家或哲学家，那该有多好！

如果我们仅仅通过呼吸、生活和从环境中吸收就能获得所有的科学知识，那是多么奇妙的事情！起初，我们并没有注意到不寻常的事情已经发生。然后突然之间，知识就像我们头脑中闪烁的星星，我们意识到自己确实拥有它们。一夜之间，这些知识无须努力和劳作就能轻易获得。

听起来像不像童话？如果我告诉你某个星球上既无老师，也无学校，更无须学习，它的居民只是通过生活、游历就能通晓各门学科，了解所有的科学，你一定会认为这个星球便是仙境。

以上的这些想象和幻想其实是事实。这就是儿童在创造性的敏感期获得知识的方式。儿童对语言和身体运动技能的掌握是这种获知方式的代表。成年人毕生致力于构建其知识、经验与技能的框架，这一框架的基础则在童年时期便已形成。

我们有必要再一次强调儿童吸收性心智的力量并不仅仅局限于获得语言，这种吸收性延伸至所有被认为构成人性、种族、社会的心智和道德之特性，它包括爱国主义、宗教、社会习俗、性情、偏见，以及实际上所有构成人类性格的因素。在一些特殊的例子中，某些成年人基于兴趣或者专注可能持续拥有吸收性心智，这是另一个有趣的研究课题。

Part 10
放出牢笼　走出荒漠

同这类学校中儿童对学习之态度形成鲜明对比的，是他们在早期阶段学习母语和掌握身体运动时所享受的欢乐和自发性。在这种情况下，学校成为一片干燥的荒漠，儿童无食果腹，无水止渴，他感到孤独、压抑、烦恼。

通往发展的道路也就是自由之路。但是在最初，儿童实际上身处牢笼。他不能去想去的地方，无法表达自己的需求，也不能自己进食，他被禁锢在血肉之躯的牢笼里。只有当他会走、会表达、会自己进食之后，他才在这些方面获得了独立。

因此，成长就是要打破一系列禁锢，使儿童不再依赖于他人。在本章的后半部分，我们将涉及为什么需要将儿童从无所作为、无聊和压抑的三重荒漠中解放出来。现在先来看看我们所称的儿童的“牢狱”生活是怎么一回事。

一个孩子可能受到良好的照顾，被配有专门的托儿所和保育员，所有为了他生活舒适和生理需求的各项条件都得到满足。但是如果这个孩子缺少了母亲的关怀与关心，他就等于处于牢笼之中，实际上，他已经被遗弃了。尽管托儿所已经彻底消毒，房间雪白，保育员穿着经过浆洗的白色制服，尽管照顾他的保育员严格执行所有的卫生标准，但是，这个孩子还是困在牢笼之中，既无自由，也缺少在他特殊发展阶段所需进行的各项活动。

上述情况表明在儿童的身体获得悉心照顾的同时，有可能他的心灵却遭到了遗弃。这种遗弃对儿童性格和个性的形成是有害的。正如对生理卫生的忽视会导致疾病和有损健康，对心理卫生的忽视则会导致心理障碍和行为失常。

在此我们想指出，本文中所指的儿童的缺点并非人们所说的前世的孽障，或者是我们的父母所犯下的原罪。我们所谈到的错误与缺点是人类受到了错误的对待所产生的。它们来自父母、保姆和现代社会强加于儿童的种种错误制约所引起的后果和反应。

这里谈到的儿童的缺点甚至并非先天性的。由于我们没有为儿童准备合适的环境；由于周围的人对儿童采取错误的态度；由于对儿童发展特殊阶段的需求一无所知，儿童才显现出缺点。缺点的产生实际上是由于我们对儿童想要从牢笼中逐渐解放他自己，既无所作为，又漠然视之。

于是当三岁大的孩子被送往学校的时候，普遍的观点认为教育的责任就在于纠正孩子在此之前已经养成的缺点。当六岁大的孩子开始接受小学教育的时候，人们认为教育的任务则在于纠正孩子在那个年龄段的缺点。

在此基础之上，有人会推论当一个人越长越大，他的错误和缺点会越来越多，也越来越严重，教育的任务则在于改正和纠正人性中所有错误的地方。

然而，在孩子们身上一般会发生什么呢？他首先在家里遭到监禁，他的需求被忽视，在他发展的特殊阶段几乎没有或只提供了微乎其微的帮助；在学前班他将继续遭到限制与忽视，然后，他开始上小学了。小学仿佛成了沙漠的朝圣者聚集的地方，把孩子们聚在一块儿像放牧牛群一样，将他们整编在一起授课。在学前班，儿童已经因为没有合适的活动、没有足够机会进行自发性发展而感到无聊。来到小学的儿童桀骜不驯，满是缺点，就像一只长满了尖刺的豪猪。由于从来且依然没有机会从事活动，无法边做边学，孩子于是变得懒散，缺乏动力。

小学一开始就将教授孩子们如何写字。他们没有做过多少手工的小手现在得拿起笔开始做记号。他们必须从字母开始学起，尽管他们对此没有一丁点儿兴趣。于是孩子变得消沉起来。

儿童不得不学习他根本不感兴趣的东西。他的学习有违自己的志趣，他就好像一个没有胃口但是被强迫吃东西的人。教师的责任则在于通过威胁、惩罚或奖赏以督促或迫使孩子们学习。

所有以上这些在生命之根便埋下了敌视学习的种子。这种对学习的敌视和心不甘情不愿是由目前的制度培养出来的。根除学习同敌视态度之间的关联性并不是一件容易的事情。这种关联性将萦绕在儿童的心灵并给他今后的人生带来巨大的损害。同以上这类学校中儿童对学习之态度形成鲜明对比的，是他们在早期阶段学习母语和掌握身体运动时所享受的欢乐和自发性。在上文所描述的情况下，学校成为一片干燥的荒漠，儿童无食果腹，无水止渴，他感到孤独、压抑、烦恼。

教育的宗旨必须是为了防止以上的缺陷和错误，并消除他们发生的可能性。教育的主要任务就好比在生理领域对清洁卫生的要求，清洁卫生即是为了防止疾病维持身体健康。

让我们来设想一下在敏感期的早期，儿童并没有遭到遗弃，他们在特殊时期的需求得到了承认；设想一下这样的一些条件和设施已具备，它们能让孩子们在符合自然发展规律的自身活动中发展自我；设想一下一个在生理和心理两方面都得到了妥善照顾的孩子在三岁的时候来到了儿童之家。

这里，我们有为了满足儿童心理食欲所必需的设备、设施和环境。接下来会怎样呢?

儿童的自然敏感性不会遭到干涉，他们将用与之前吸收口语语言同样的方式吸收书写语言，这种吸收是自发性的寓教于乐，不必苦干也不必刻意费劲，他在学习的过程中享受乐趣，他的敏感性通过为达到目标而施以热情的努力得以表现。

我们已经讲过在早期阶段，儿童以自然的方式发生词语爆发，这之后是语句爆发。为什么不能有更多的自然爆发呢？也许到了第二个阶段会有一次书写语言的爆发、阅读的爆发，或其他知识和技能方面的爆发。如果适合的条件已经存在，是什么阻止了儿童自发性活动中的这种现象呢?

我们已经发现，在早期阶段当儿童出现词语爆发的时候，他们对各种物体的名称有一种渴望。假设随着敏感期的延续，儿童的这种渴望还有所增加，他们渴望词语和名称，名词、动词和其他含有意义的词语。假设我们尽量去满足这种自然的饥渴感，并且尽可能地给予儿童大量的词语与名称。再假定，我们将词语和名称分类分组，使儿童对他们的吸收变得容易些，而不是仅仅让儿童自己随机地吸收。

现在的问题是：我们应该给儿童提供什么样的名称和词语让他们学习呢？答案是，我们可以提供周围环境中各类物体的名称，也可以用科学上的术语。毕竟，科学的一个重要方面就在于对自然界的物体加以系统化的命名。

你也许会认为对一个三岁大的儿童来说，吸收大量的科学术语是一件很困难的事情。不要忘了，科学术语也是儿童所处的环境中的物体的名称。世界上每件物体都有自己的名字，而对一个渴望词语的儿童而言，科学术语也好，非科学术语也好，他们将通通受到儿童的欢迎。

儿童从环境中吸收各类事物。我们将事物与名称一起置于他所处的环境中；他便将两者一同吸收，直接将事物与名称对号入座，这样一来，儿童将使用在敏感期的早期阶段学习母语一样的天赋来提高他掌握事物与名称的能力。

当儿童处于敏感期，对事物的名称有一种饥渴感（即求知欲），你可介绍给他生物学、植物学、地理学、物理学、动物学等其他学科的词语。按照他所处的环境中各类事物或事物组成部分的顺序一一将词语介绍给儿童，后者将像在早期掌握身体运动一样轻而易举地掌握这些词语。

重新检查周围的各类物体并进一步将它们同各种名称

相对应，对儿童而言这是一段相当愉快的经历，也是一个极其有趣的发现。儿童在早期已经在整体上掌握了环境，现在，环境中的各种各样不同组成部分都有了自己的名称，就好比儿童可以拿着放大镜仔细观察环境中结构的细节和形态的特质。

你也许会说："这就像天方夜谭一样。只有在乌托邦里才有，现实生活中可能吗？你能以这种方式教儿童数学吗？"

哲学家们已经指出人类的大脑本质上是数字化的。如果这是事实，加上儿童之家中所具备的各种所需材料，大脑中的这种天赋力量就会被唤醒，四岁半左右年龄段的儿童就可以进行成千上万的大数额运算。假如各项条件的执行都符合童年敏感期的要求，那么儿童很有可能将经历数字的爆发，就好像他之前所经历的词语和语句的爆发，又好像他在适当的条件下，在发展的特殊阶段会出现书写和阅读的爆发一样。

以上内容表明了三岁到六岁的儿童所进行的学习，可能令人意外地超出或覆盖当代小学教育中对七岁到十二岁的学生所传授的大部分学习内容。

想象一下，一个七岁入学的儿童，已经懂得如何书写、如何阅读，会进行数学中加减乘除的基本运算，并且已受到自然科学和地理的启蒙；你会意识到，这样一个孩子应该进入一所更适合他目前已经取得的学习成果和他所处发展阶段的学校。

当这样一个孩子开始上学之后，如果所需的环境和设施得到满足，他将继续在学校生涯中享受活动的乐趣，像以前一样，他将满怀热忱且具有强烈的求知欲。其结果就是，这个孩子在小学所能达到的发展程度可能甚至高于中学。同样快速、强烈和快乐的发展将层层推进直到他升至大学甚至更高学历。

这一章中所有之前所作的设想与假定，在儿童之家和全球许多小学都已有了实际的观察和经验。

因此，我们发现每一个相对较早的阶段都比之后更为重要，我们不得不追溯到第二年、第一年甚至出生时来为儿童的发展奠定更加坚实的基础。从最初就根据发展特殊时期的需求给予儿童他所需的关怀与关照，从牢笼和荒漠中解放他们，儿童的智慧将成为伟大的能量，实际上成为整个世界上最伟大的能量。

Part 11

引领文明的进程

同对原子能和其他能源的研究相比，需要有更多的研究和调查来解释儿童身上这种隐藏的神秘能力，来帮助儿童使用它们以造福人类。毫无疑问，人类指挥、控制能量的头脑比所有他能控制的其他力量都要高级。通过引导儿童全面发展他的能力，我们便帮助儿童引领人类文明继续前进。

引导文明进程的奇迹就是儿童。在这一章节中，我们将讲述育儿过程无意之中对儿童进步造成的阻碍。对儿童进步的辅助也就是对文明进程的辅助，而这只有通过学习有关儿童能力的知识、通过进一步加深了解童年的秘密才能达到。同所有其他的造物法则相比，人类最令人叹为观止的能力就是他对其所处环境中千变万化的各项条件的适应性，而通过对儿童给予必要的辅助，人类的进一步进化以及人类文明的进程也将得到帮助。

在教育儿童的过程中反而产生了对儿童进步的阻碍，这种现象是以如下的方式体现的：一方面我们有着想要教育儿童的渴望，但是另一方面我们又不愿让儿童去学习。教学大纲无处不在，教师似乎就站在孩子们面前说："由此出发吧，但你们却不能前进。"

不管儿童有怎样的能力和潜质，也无视儿童获取知识的自然方式方法，成年人将知识加以模式化，并在这些条条框框中限制儿童的学习，这就是阻碍。

打个比方说，我们的教育概念好比教育家们站在儿童身后允许他们尽可能向前，但另一套教育理念却站在儿童面前阻止他们超过教师所设定的界限。

值得注意的还有我们对待儿童学习的态度所引起的后果。当教师只是站在一边怜爱地注视儿童的发展，而不是将他自己的一套做法强加于儿童身上，在这种环境之中的儿童不仅学习得更为出色，并且他的个性也将得到张扬。与此同时，我们见证到的是一种能量的释放。这种能量的释放与教师的能力或才干无关，而是儿童在不依赖教师的情况下所进行的自我发展。这种能量使我们感到惊奇，因为它以前似乎并不存在也从来没有展现出来。

这种不是站在儿童的对立面而是位于他们身后的方法支持着儿童的学习过程，帮助他们展现本身的力量。如同种子破土而出，或繁花盛开，潜伏着的、不为人所知的、隐藏在儿童身上的能量将在他们身上自己展现出来，并化为儿童的实际行动以及他们有目的性的成就。

普遍意义上的教育对这种能量不为所动，因为这种能量同教学大纲相距甚远且制约了大纲的内容。教师也不明白这种能量，或者对它置之不理。因而，儿童的这种能量一直处于潜伏状态，就实际效果而言好像它从来不存在一样。

教育的首要任务应当是消除障碍，帮助儿童这种能量的扩张。教育必须珍惜自然的赐予，为了达到这个目的，我们必须首先探究自然，我们必须看清楚自然所能给予我们的是什么。当明白了自然所给予的力量与能量之后，我们就应该帮助扩张这些力量与能量。

然后我们必须凌驾于自然之上。人类是能够凌驾于自然之上的。当人类掌握并使用了自然的力量，他就已经高于自然了。文明的进程布满了人类提升掌控自然的力量并将其作为人类服务的印记。

但是，如果你带走了自然所给予的帮助，如果你阻碍了自然力量的扩张，儿童除了会比先天自然更弱更差还能如何呢？儿童也是能够高于自然的，他能成为超自然，但是超自然必须建立在自然的基础之上。如果我们想超越自然，想取代自然，那么我们必须首先立足于自然且珍惜自然所给予我们的所有馈赠。

正如如果你想在桌面之上看到闹钟，你不仅仅需要闹钟，还需要桌子，如果没有桌子的话，闹钟就会跌落在你的视线之外。

为了凌驾于自然之上，为了在自然的基础上有所构建，我们必须参透自然的秘密；我们必须在儿童无法亲口告知所发生的一切的情况下深入童年时期的种种神秘之中；我们必须解释自然、学习自然；我们必须在各个方面给予儿童符合他的自然需求的所有帮助。

现在，让我们来谈一谈文明的进程。前章已经说到，世界上最伟大的能量莫过于儿童通过适当的发展所获得的智力。这种智力通过两件工具引领文明的进程：人类的语言和人类的双手。

我们已经指出人类的语言是人类智慧的工具，也是人类发展进步的必需工具。完成人类文明进程中的重大任务的，是人类团体而并非个人。在此过程中，为了能够完成工作，团体之间必须互相了解以便协调合作，他们必须了解其他的团体或个人所提出的构想。如果没有通过语言进行互相了解和相互沟通，就无法实现文明进步的伟大壮举。

当一项计划获得通过并得到众人的承认，它将如何被贯彻执行呢？这将取决于人类的双手。强大的事业由人类的双手缔造。不同的个人以千差万别的方式活动，讲着不同的语言，但是彼此都由智慧激励着通过双手进行合作与配合，从而绘就了人类前进与文明的宏图。

人类前进的历程同人的身体活动有一些相似之处。动物虽然也能活动，但同人类之间存在着极大的差别。

人类将一只脚置于另一只脚之前进行行走，动物也一样。有的动物从一出生开始就可以跑，人类在出生若干时间后也可以跑步，但是人类的动作不仅仅局限于像动物那样一成不变的活动方式。人类身体运动的模式和方式也会发生难以置信的进步。

人类可以像鹿和兔子那样跑步；他可以像青蛙和袋鼠那样跳；通过练习和训练，人们可以做各种各样比如舞蹈、摔跤、拳击那样的动作，动物则达不到人类这样的水平。通过将智慧和协调努力结合在一起，人类比动物进步了许多。

当我们重新审视文明的进程，就会看到没有哪一种动物比乘坐火车和汽车的人跑得还快；没有哪一种动物比煤矿的矿工掘得还深；天空中没有哪一种鸟比乘坐飞机的人飞得更快更高。

这一切都归功于什么呢？在所有以上这些成就的背后是人类的智慧以及将智慧付诸实施的人类双手。由智慧加以指引的双手建造了火车和汽车，挖掘了数英里深的矿藏隧道，设计了飞机，制造了能高速运转的引擎。人们由双手在过去已经制造出来并且在未来将继续制造的物体数不胜数。

说某一个个人可以做到任何一个动物所能做到的所有事情是不准确的，也不能将人类同所有的动物相比较进而宣称:“人类是动物界中最伟大的动物。”事实是，如果将所有动物的能力组合在一起，这个总合也只不过是人类力量的起点而已。

最让人惊奇的是人类的进化从不会结束而将永远继续进行下去。目前的人类已经达到了进化的高级阶段：人们能越洋通话，能观察广袤的宇宙，能环球飞行。人类做到了以前被认为根本不可能完成的许许多多的事情，人类运用智慧创造了一个同以前有着翻天覆地差别的新世界。

理所当然地，如今当人类初次踏入这个世界，他所处的环境同一万年前的儿童所处的环境相比，两者截然不同。我们可以问问自己:“在经历了十五个月的奋斗之后，在他刚刚能够能够站稳脚跟时，这个孩子是否能适应今天这个复杂的环境呢?”答案是肯定的，如同一万年前轻而易举地适应当时的简单环境一样，如今的儿童不费吹灰之力就能适应新世界里那些难以计数的发明与革新。

这种奇妙的适应力是童年不同寻常的能力。无论出生时的文明程度如何，儿童都能轻易安然地应付。就像不论母语的复杂程度如何儿童都能轻易吸收一样，儿童靠着两只小脚四处游荡就能很容易地适应任何复杂的环境。

当今的生活是如此进步并且还将继续快速向前发展下去，如果在距今一万年后再回到地球，我们也许会说自己并不想在那个时代继续生活。你难道没听过老祖母抱怨“我一点儿也不喜欢现在的那些新点子”吗？但是一万年后，同原始时期的儿童适应原始环境一样，那个时代的儿童将以同样的自发性适应当时的新环境。

文明的进程同人类身体运动的多样性是相似的。人类靠双脚站立，他能跳能跑，他能将动作节奏化并协调统一构成优美的舞蹈。这些身体运动是儿童几乎不可能做到的。

然而，当一个成年人想成为舞蹈家的时候，我们能说突然他的身体里出现了一组特殊的肌肉吗？当一个人编制精致的蕾丝花边、制作迷你画或者精美的艺术品时，难道在关键时刻一些合适的肌肉便产生使他能运用精细的动作来完成伟大的创作吗？答案是否定的，人的肌肉一直如此，数个世纪前或者数个世纪后，人的肌肉始终如一地准备完成所待完成的工作。

人类历来制造新东西、产生新发明的事实驳斥了一切皆为遗传的理念。如果确实是遗传在起作用，人类便只会做他的祖先已经做过的事情。但是，人类代与代之间天赋能力的传输媒介就是儿童。儿童就是人类进化的方式方法，我们必须给予儿童一切必要的辅助，使他与出生的环境相联系，使他的大脑、神经、肌肉的神秘纤维遵循他的智慧与意志产生振动。

所有昭示人类代代进步的无限潜能都在儿童身上。小小孩童身上蕴藏的能量和力量比新发现的原子能更为强大。

同对原子能和其他能源的研究相比，需要有更多的研究和调查来解释儿童身上这种隐藏的神秘能力，来帮助儿童使用它们以造福人类。毫无疑问，人类指挥、控制能量的头脑比所有他能控制的其他力量都要高级。通过引导儿童全面发展他的能力，我们便帮助儿童引领人类文明继续前进。

Part 12

成就的快乐

当你看见这个小孩脸上容光焕发的表情和他聚精会神的神态，你的心也随之溶化。更让人感动的是大孩子在观赏小孩表演的时候所流露出的快乐、满足和吸收性兴趣。仿佛新的生命力在这个小孩身上降临，他被一股新的自信心笼罩，从新的胜利和成就中诞生出他新的自尊。

教育过程是否正确的检验方式之一就是看儿童本人是否快乐。对一个成长中的生物来说，成长本身就是乐趣。儿童的成长是通过各类活动进行的。所以，那些根据发展的重要法则所设定的活动本身也就是乐趣。

休息或无所作为是违背儿童天性的。兴趣能够刺激活动的开展。儿童生命特殊时期的天性渴望决定了他的兴趣为何。儿童的快乐也就是成就的快乐。

儿童喜爱完成一整套的活动。活动的成就虽然对成年人而言无关紧要，却能给儿童带来一种力量与独立的意识。当一个孩子完成了特殊的一整套或者周期性的活动，成就感会给他带来快乐。随之而来的享受快乐的感觉似乎能激励他通过自我发展进行更进一步的活动。我们必须记住亚里士多德的名言，即快乐便是完美卓越的活动。

我们将带来一些具有代表性的突出例子，这些范例反映了儿童在发展的不同阶段所获得自发成就。以下这些个例将展示出儿童在成就领域进行探险所获得的乐趣，也表明了为允许儿童发展而给予帮助并提供一个安全的特殊环境的必要性。

第一个例子表明儿童在早期阶段对一些初级的活动已经感到欢欣快乐。当一个四个月大的孩子趴在地上，他会扬起他的头，也尝试抬起他的肩膀。不久之后，他将试着自己坐起来，他会抓住身边的一些物体以便能更快地坐起来。在这一阶段，我们可以给儿童提供我们的手指、手或他想抓住的任何其他物体，这就已经帮了他的大忙。我们通过这种方式帮助儿童完成他的最早期运动。对这个年龄的儿童而言，即使是这些细小的运动也可以让他们感到快乐无比。

大约十个月大的时候，儿童开始理解周围的环境。他开始意识到周围物体的相对位置。此时，很有必要提供给儿童合适的物品以便他能获得必要的经验。成年人的工作在于，在提供了这些物品之后，确保同样的物品总是处于同样的位置之上。我们可以有技巧地将儿童的注意力转向关注物品所处的位置——一件物品是否处于另一件物品的上方或者下方、左边或者右边，两件物品相隔是远还是近。由此可见，教育的开始可以何其之早。

接下来是另一个孩子在成就中享受快乐的例子。在伦敦的一所房子里，连接两层楼的是一段非常陡峭的楼梯。楼梯先用帆布覆盖，又铺上一层柔软的地毯。一个大约一岁的孩子开始爬这道楼梯。在场的每一个人都想阻止他，但他的决心已定，非要爬到顶不可。这个小孩四肢着地，还不能用两条腿走路，他最终爬上了楼梯。由于他还很小，在爬楼梯的时候，不得不将他的半边身体侧过去，先是一条腿，然后是另一条腿往上爬。这是一段非凡的体育锻炼。当他爬上楼梯顶的时候他对自己的锻炼成果很满意。也许他认为没有必要再小心翼翼了，于是他转过身，咕溜一下从楼梯上翻滚了下来。

观赏表演的人们冲到孩子跟前抱起了他，开始责备他："看看你干的好事儿!"他们并没有意识到孩子同楼梯之间的比例关系。如果我们成年人从楼梯上摔下来，由于我们很高，每一次与楼梯的接触都形成碰撞；又由于我们很重，每一次碰撞都可造成伤害。但是孩子的体重很轻，他只是从柔软的地毯上滚下来而已。当他发现自己已经坐在楼梯底下的时候，他坐了起来，保持微笑，并不在意大人们所说的话。这个孩子一点也不感到害怕。

他唯一能感觉到的就是通过自己的努力达成目标之后

的快乐感。也许，他为自己能这么快地从楼梯上下来同样感到高兴。

如果你观察一组两岁大的儿童，你会发现这些孩子尤其喜欢按照顺序排列物品。当他们发现一件物品没有放在常规位置的话，他们会拾起这个物品将它还原。接下来的例子表明了有些孩子对无序的厌恶感。

一个三岁的小女孩跟着教练学习舞蹈。这个女孩有一个十八个月大的小弟弟。在上课的时候，教师在弹奏钢琴，同时女孩在练习一些简单的步伐。小男孩对姐姐的活动显示出极大的兴趣。大人们于是决定了既然他也对舞蹈有兴趣，那么从下节课开始，小男孩也可以参加舞蹈学习。

第二天教师来上课了，但是小男孩拒绝参加任何活动并且哭了起来。于是周围的人们开始评论："让这个年纪的小孩做这些动作真是荒谬。" "你们难道没看见吗？" 他们说，"他一点也不想参加舞蹈课。" 但是事实并非如此。

这个孩子生气了，因为舞蹈教师的帽子今天被放到了椅子上边。他扑向了帽子并且说道："帽架，帽架。" 他的意思是这顶帽子不应被放在椅子上，而是应该放在帽架上边。当这顶帽子被物归原位之后，小男孩便准备好上课，开始随着音乐围着桌子绕圈圈。

接下来的例子只能发生在蒙台梭利儿童之家，它表明了儿童对周期性活动的渴望，他们对完成活动后所取得的成就备感快乐。儿童之家这一天准备在室外的草坪上聚餐。一个一岁半大的孩子决定这一次要自己将一块长条面包拖过草坪。这块面包比她自己还长。为了运送这块面包，孩子不得不向后仰，将双臂环绕着面包，在看不见前方路面的情况下摇摇晃晃地走路。

这种情况下一个成年人的自然本能反应是什么？如果不是在蒙台梭利儿童之家，这块面包已经被人拿走了。但是在儿童之家，这个孩子被允许自己运送这块面包。她走过了一整片草坪，尽管在草丛中走路比在平地上走路要困难得多，即使不看脚下的路面，她还是将这块大面包一路运到了餐桌旁，面包将在这里被切成小块分给所有的孩子们。

这是一幕有趣的场景。孩子的狗一直在跟着她并且饶有兴趣地看着她。跟着这个孩子走路的成人密切注视着她以便随时提供帮助。幸运的是没有人干涉她，无论是狗还是负责照看孩子的两位女士都没有进行干涉。这个孩子获得的最大乐趣就在于通过她自己的努力完成了周期性活动，她因此能说："我做到了。"

有一次，蒙台梭利博士自己和一个一岁半的孩子单独共处一室。房间女佣已经烫好了很多餐台布，并将它们一层一层垒成了一堆。一共有二十块经过浆洗熨烫的餐台布。这个孩子从这一摞餐台布里拿起了第一块，将它带到了房间对面的一个角落。他小心翼翼地把这块餐台布放到了地上。然后他返回到那一摞餐台布那儿开始运送第二块。沿着同样的直线距离，他走到放第一块餐台布的地方，将第二块餐台布放到了第一块之上。幸运的是，没有人阻止他的周期性活动。蒙台梭利博士想看一看这个孩子究竟要将这种练习进行多久。

这个孩子一块一块，拿起了所有二十块餐台布，往返二十次将二十块餐台布移到了房间的另一角。也许你认为这个孩子会说“完事了”，并就此停手。

但当房间的另一边二十块餐台布垒成了一摞，他马上又拿起了第一片将它重新放回到桌子上。经过又一轮二十次往返，他小心翼翼严肃认真地将所有的餐台布从房间的另一角重新运回了之前的桌子上。这一摞餐台布并没有显得太凌乱。如果女佣回来了，她一定很费解这一摞餐台布究竟怎么回事；所幸女佣并没有回来检查餐台布。

毫无疑问，这个孩子对已经完成的周期性活动感到非常快乐。你可以想象得到在一般情况下，如果一个孩子想完成这样能让他快乐且为他的发展所必需的练习，通常人们都会加以阻止。我们必须记住，这种练习不仅仅让儿童感到快乐，还会使他们变得性情平和。

必须指出的是，这些试验由于各种各样的原因在普通家庭里是无法进行的，因此，有必要建立像儿童之家这样的专门机构，在儿童之家可以找到适合儿童进行周期活动的专门工具和设备。其中的设备之一就是用木头做的房子，这些特别定制的房子有通向大树的楼梯，孩子们可以在楼梯上安全地往上爬。

儿童之家的其中一项周期性活动已经成为经典范例，并且是摄影家们最喜爱的摄影主题。战前，在柏林我们的一所学校，一位摄影师拍摄了这样一幅照片。照片中一个两岁的孩子一只手拿着盘子，另一只手拿着毛巾在盘子上绕圈圈，他想要把这个盘子擦干净，照片中还有四个大约三岁半的孩子站在一扇矮窗后，越过他的头顶，饶有兴趣地看着这个小孩子的表演。

当你看见这个小孩脸上容光焕发的表情和他聚精会神的神态，你的心也随之溶化。更让人感动的是大孩子在观赏小孩表演的时候所流露出的快乐、满足和吸收性兴趣。

仿佛新的生命力在这个小孩身上降临，他被一股新的自信心笼罩，从新的胜利和成就中诞生出他新的自尊。他给旁观者带来的影响同样令人啧啧称奇。

在给本章作总结的时候，我们想介绍几年前向公众发布的荷兰一位公主两岁生日的照片。荷兰所有的报纸都发表了这张照片。照片是什么样的呢？照片中的公主一手拿盘子，一手拿毛巾正在擦盘子！快乐与满足感照亮了这个小公主的面孔。这张照片生动地说明了完成一项有目的的工作是对人生经验的提升，也是快乐的来源。

Part 13

心理健康
与成长的关键

我们可以将压抑儿童和阻止儿童完成适合他发展不同阶段自发性任务的恶劣影响作如下描述：儿童在潜意识中形成了这样一种态度——他好像在说："如果我开始做某件事情，总有人会不让我做下去，所以我根本没必要开始。"因此，这样的儿童不仅仅缺乏坚持不懈的精神，可想而知，他们还将变得注意力不集中、畏缩不前、犹豫不决以及优柔寡断。

我们已经认识到各种周期性活动的开展和所谓的环境经历对儿童发展的必要性。这里的基本原则就是心理必须同现实挂钩、必须同发展每个阶段相宜的现实发生联系。在现实中进行的个人经历将构成真实的知识，这些经历不仅仅是心理发育的基础，也构成了心理健康的基础。

发展的每个阶段都将影响所有后续阶段。在某一个阶段极为重要的因素在下一个阶段可能消亡隐退，同时，其他的因素却变得重要起来。教育的任务在于从一开始就满足每一个发展阶段的需要。

如果无法提供开展周期性活动的设施，或无法提供适合不同发展阶段的环境体验，那么，正常化的各种条件就遭到破坏。儿童必须以自然赋予的方式发挥其功能，如果他以违背自然的方式或者成年人阻止儿童以自然赋予的方式发挥功能，儿童就会变得反常。

儿童的反常将导致两个不良后果。第一个后果是，这将干扰儿童的生长发育，并影响所有后续阶段的生长发育；第二个后果是，它还会干扰儿童的心理健康，这种干扰也可能是永久性的。

打断周期性活动会在儿童的心理上产生一种内在状态，这种内在状态将剥夺他的自信心，并磨灭他有始有终地完成一件事情的能力。如果儿童进行周期性活动的过程不断地被打断，他会渐渐失去取得任何成就所必需的勇气、恒心和决心。

数年以后，这样的儿童被冠以不稳定、缺少决心或缺乏毅力之名。这些缺点被认为是某些儿童的性格特征，但实际上他们并非天生如此，这是他们在早年的正常周期性活动被持续打断的后果。

尤其是如果这个孩子身体健康、精力旺盛，他就有一种总是动来动去的倾向。由于之前没有促进开展周期性活动的环境，或者他已经开始的周期性活动常常被打断，这样的儿童将无法养成做事有始有终的习惯。他的勇气已经被消磨，他的自信心已遭到破坏。

然后，在接下来的阶段，这个强壮健康但是要么曾遭到忽视、要么曾受到压抑的孩子来到学校接受教育，家长和教师们会说："这个孩子开始干一件事情，却没办法去完成它。当他刚起了个头儿之后，很快便停止了，接着又转向了其他的事情。”这个孩子是不应当受到责备的，自然天性也不应遭到谴责，是教育本身或者说是缺乏好的教育才造成了孩子如今的缺点。自然赋予儿童开展周期性活动的渴望和冲动遭到阻挠或受到压抑，其导致的结果就是儿童的缺陷。

我们可以将压抑儿童和阻止儿童完成适合他发展不同阶段自发性任务的恶劣影响作如下描述：儿童在潜意识中形成了这样一种态度——他好像在说：“如果我开始做某件事情，总有人会不让我做下去，所以我根本没必要开始。”因此，这样的儿童不仅仅缺乏坚持不懈的精神，可想而知，他们还将变得注意力不集中，畏缩不前，犹豫不决以及优柔寡断。

这些由于照顾不当或缺乏知识而几乎是被强加在儿童身上的缺陷，很可能将伴随儿童的一生。这些缺陷削弱了人的个性，正如我们遇到过的某类人——他们似乎永远都犹豫不决，一天中的大部分时间都像在自问：“我到底是做还是不做这件事情？”

优柔寡断这个缺点可以渗透一个人的思想如此之深，有时候它甚至会反映在这个人说话的方式上。你会发现有的人说话的时候喜欢停顿，有的人说话总是找不到合适的词语。这些人的问题不在于他们缺乏可以运用的词语，而是他们在说话的时候无法决定使用哪个词。还有的人当思想中的畏惧和犹豫踌躇达到高潮的时候，他们会出现口吃、结巴的现象。极个别的极端例子中，有的人甚至会变成哑巴，几乎不能张嘴。以上这些以及许多其他的缺陷都可以追溯到当事人童年时期所受的压抑之中。

上述压抑的不良影响应该得到更深一步的考察。受到压抑的儿童往往有一种永久不变的恐惧，那就是他们害怕总有人来打断或阻止他继续他本来正在进行的事情。他丧失了取得成就所必需的勇气，于是导致了一种胆怯心理，而这种胆怯心理日后将发展成为一种病理焦虑的心态。当事人想要完成一项活动，他也有能力完成这项活动，但同时他的心理状态令他连开始尝试这项活动都不肯。此类儿童将蒙受一种自卑感，也就是现代学者们所称的自卑情结。

自卑情结即意味着头脑中已丧失了内在的力量。儿童的这种心理状态很让人痛心，就好像儿童丧失了他曾经的所有。必须记住：由压抑产生的胆怯心理并不是建立在现实基础之上的。与对蛇、老虎、从高处跌下或者受到伤害的惧怕不同，这种胆怯心理既不是正面的，也并非真实的。

这是一种类似于永久噩梦的内在心理状态，是一种非正常状态，它将剥夺儿童的能力，妨害儿童的一生。

为了让儿童百依百顺，成年人通过威胁将这种不真实的恐惧植入儿童的心灵，从而更加深了这种心理状态。由于这些恐惧并不是建立在现实的基础之上，它将使儿童偏离正常状态。举个例子来说，对黑暗的恐惧就是一种幻想的恐惧，通常情况下，一个孩子是并不惧怕黑暗的。

我们现在来举例说明：这里有个十八个月大的孩子，他通常在我们特别定制的床上睡觉，这种特别定制的床使儿童可以自由出入，而普通的儿童床有围栏，孩子们不得不被抱进抱出。他的床设在一楼，房间内的窗户朝向花园，为了防止动物或生人的闯入，这些窗户在晚上都是紧紧关闭的。所以，晚上这个房间里黑暗一片。

这个孩子有一天很早就醒来，其他的人都还在睡觉呢。他独自一人穿过了三间满是床和家具的房间。尽管他不断地提醒自己："好黑啊，我可能会摔跤。"他依然没有停下来，在黑暗中摸索走过了三间房。

对这个孩子的教育并没有引入幻想的恐惧，但是有其他的孩子却被引导发展了一种心理的异常，其间的差别可以由这个孩子的两个姐姐的行为看出。他的两个姐姐，一个十三岁，另一个十四岁，每当晚上有雷雨暴风的时候，这两个女孩便感到恐惧害怕，哭个不停。当这个孩子三岁的时候，他曾经在这样一个暴风雨的夜晚安慰她的姐姐们说:“这没什么大不了的。”

许许多多的例子都表明对黑暗的恐惧在儿童而言，并不是一种自然的恐惧。另外，还有一个例子中，一个小孩在天还没亮的时候就自己醒来，跑到门边迎接送牛奶的工人，接过牛奶后再将牛奶送到厨房。这个孩子一点也不惧怕黑暗。

有些来到儿童之家的孩子显示出另一方面的缺点。儿童的天性就是要发泄他们的精力，寻求活动与经历；但是这些儿童的精力似乎却被向内压抑，被掩藏起来。这些儿童不知道如何使用双手进行有目的性的活动，尽管他们的双手和身体中还蕴藏着充足的尚未使用的精力。

无法开展有序的活动将导致无序的行动，从而产生无序的或者混乱的头脑。混乱的头脑也有可能是活跃的，但这种活跃性却毫无目的或缺乏目标。

于是，便产生了源于现实、建立在真实画面和理念基础之上的确实的想象，与游离于现实之外，只建立在幻想和空想基础之上的虚假的想象之间的不同。确实的想象是人类智慧的重要组成部分；但是虚假的想象却构成头脑中无序的心理活动。

当一个人的头脑不加整理，只沉浸于偏离现实的幻想之中时，他的双手在同环境中的各类物体打交道的时候，便只会糟蹋作弄这些物体。诚然，那些个性强烈但是思想和动作没有条理的孩子都有一个共同特征，那就是易怒。紊乱的思想、无序的动作和易怒，三者常常结伴同行。

这些孩子是具有危险性的。造成这些孩子易怒的原因是在早期阶段，他们所处的环境不允许他们获得经验，完成周期性活动，而经验的获得和周期性活动的完成恰恰可以稳定儿童的情绪，通过与现实的联系在儿童的头脑和身体间产生和谐统一。

请想象一下这么一个场面，一位年轻的教师突然被留在十五个孩子中间，他们正忙着丢东西、破坏东西、你一拳我一巴掌地打架。为了应付这个局面，这名教师需要有丰富的知识，他得机智老练并付出巨大的耐心。我们曾经见到一名身强体壮的音乐教师在被要求给四十名“天使”教授音乐后，苦苦乞求帮助的情形。

尤其令人担忧的，是处于建设性时期的幼儿。为了利于儿童的心理健康，为了日后他能成为一个有用的人，儿童的心理必须与现实紧密相连，通过日常生活得到发展。正常的发展应当摒除不切实际的幻想和不着边际的空想。心理的的稳健、平衡和健康只有在同外部世界和谐统一的条件下才能实现。

在这里，我们可以借鉴一下有些成年人的表现，他们的思想反常，无法将精力集中在应该完成的工作上，他们往往半途而废，也常常易怒。这些人其实已经脱离了现实。他们被认为不正常，或荒唐而不可理喻。这些人的思想和行为就好像脱缰的野马。

那么，解决的良方是什么呢？以前，精神错乱的人被穿着约束服捆在床上；或者当他们暴怒的时候，被泼冷水，以便赶走身体和大脑中的热度；也有给他们服食鸦片或其他药物进行催眠平复神经的做法。

如今，如果个案被认为还可以治愈，治疗的方法就是通过工作和活动引起头脑的兴趣使其重回现实。这种观点认为，既然引起非正常状态发生的原因是人的头脑同现实发生了脱离，那么治疗的方法就是将头脑同现实再次挂钩。举个例子，患有忧郁症的病人时常感到悲伤和失望，那么用活动和一些有目的性的工作则似乎能激发病人、使他们获得活力，从而达到治病的目的。

总而言之，我们想要强调的是以下原则：思想必须同现实相联系，这种联系不仅仅是心理健康，也是心理发展的根本基础。通过借鉴那些心理不平衡和精神失常的成年人，我们必须认识到由于同现实脱离联系而建立在幻想和空想基础之上的虚假的想象，与基于现实所产生的伟大的科学家、真正的神秘主义者、创新的诗人和剧作家的观点和想法之间完全不同，作为教育者，我们应当防止不健康和紊乱的思想漫无目的、天马行空地游荡。在儿童之家，我们必须在同现实的联系中培养儿童头脑与身体的协调运动。

Part 14
照相机与水晶

照相机感光板的工作，以及饱和溶液凝结成水晶的过程，不仅仅在此作为一种举例说明，我们还想以此提请注意：不要对儿童从现实获取思想和知识要素的自发性发展进行干预。我们想要重复的是，意识往往超出物质；而我们之前所指出的与物质之间的相似性只抓住了意识的一方面而已。像照相机和水晶之类的物质的工作远不足以涵盖由无限智慧控制和激发的头脑中那些不可思议的活动。

我们已经指出，对儿童正常周期性活动的阻挠将产生某种持续儿童整个一生的缺陷。有的作者将这种阻挠称为压抑，并将其所导致的缺陷称作情结（又称征候群）。

必须指出，对心理作用所进行物理的举例说明仅仅是一种举例说明的方法而已，它并不是要精确地描述出头脑中所发生的看不见的一切。物理的举例说明只是为了帮助了解心理现象。

前面谈到在生命的某一个阶段，儿童头脑对环境的吸收就像照相机的感光板记录各种场面和景象一样容易，我们只是想指出两者之间的相似之处而已。

借助于同样的方法，我们想另举一个例子：为了让水晶的形状完美，必须首先让凝结成结晶体的饱和溶液保持静止不动，与之相似，为了让头脑中的精确思想得以沉淀，就必须保持内在心灵的平静，必须防止干扰。我们在这里再一次借用了两者之间的相似性来帮助了解头脑中到底发生了什么。

假设饱和溶液并非静止不动，而是不断地被移动和摇晃，接下来会怎么样呢？要么溶液根本就不可能凝结成水晶，要么不断的晃动反而使已经凝结的水晶遭到损坏或破碎成片，要么凝结后的水晶奇形怪状。

同样，只有当照相的感光板和底片在清凉安静的暗房中被摄影师小心翼翼地被冲洗出来，才能得到好的照片，要不然的话，照片会变得模糊、扭曲、变形、失真。

阻挠儿童开展正常的周期性活动将导致儿童性格的缺陷和思维的缺陷，这些缺陷的形成同畸形的水晶和扭曲的照片的形成过程有些类似。不幸的是，由头脑中思维的不良联系或者压抑所导致的某些脱离现实的情结有可能贯穿儿童的一生。

我们下面将例举一些在童年发生的事件，这些事件说明了儿童头脑中的印象如何积聚、思维如何形成；成年人的辅助或对抗将对儿童的发展如何产生有利或是不利的影响。

在第一个例子中，一个小孩将他的脏鞋子放到了家里的丝制新床罩上。照看孩子的人有些恼怒，于是拿起了脏鞋子说:“这太脏了。”这个人接着将刚才放了鞋子的床罩清洗干净。

从此以后，无论何时，这个小孩看到地上有双鞋，他都会说“脏”，然后跑到沙发或床上开始擦罩子，好像真的要从罩子上擦下什么东西。一种自动的机械化思维已经被固定到这个孩子的头脑当中了：看到了地上的鞋，他就有一种无法避免的冲动想要擦一擦床上或沙发上的罩子。

以上事例表明，儿童所接受的强烈印象将在很长一段时间内滞留在他的头脑中，并产生令人无法预料的反应。为了避免这种偏差，唯一的方法就是为儿童提供能避免压抑的条件和环境。

下面一个例子将说明压抑如何影响儿童的思维。一个三岁的孩子家里有一座花园。花园里有一个喷泉。当水管开关被打开的时候，喷水池能喷出很高的水柱。这个孩子很喜欢看喷泉的水，他也知道喷泉的开关在哪里以及如何打开开关。

有一天，这个孩子想看喷泉，于是他自己走近开关想要打开它。正当他就要打开开关的时候，他的妈妈冲了过来把他的手从开关上一下子拉了下来。这种压抑给孩子造成的影响是，从此以后，即使是妈妈让他打开开关，即使根本没有人阻止，每当他把手放在开关上，他就会很快地移开自己的手，好像有人在拉他的手一样。这个孩子无法自己打开喷泉的开关了。

下面的事例发生在荷兰的儿童之家。这里有一个大概三岁的孩子，这个孩子在活动和练习后无论多么疲劳也不肯坐在任何一把椅子上。儿童之家的椅子都经过特殊的粉刷，漂亮动人，但是这个孩子无论如何不使用任何椅子。

后来我们发现这个孩子小的时候，曾经坐在了一把刚刚刷完油漆的椅子上，家里人为此责备了她："噢！瞧瞧你干的好事儿！你坐在刷了油漆的椅子上把你的新裙子都弄坏了！"从那时候开始，除了她惯常使用的一把特殊椅子之外，这个孩子就不坐在任何其他的椅子上了。我们还注意到，一把椅子越是粉刷得漂亮，这个孩子就越是抗拒不想坐。所以总而言之，我们面临的问题是如何在纠正孩子行为的同时，不会发生如上同现实相脱离的情况。

这种病理的恐惧和厌恶同神经衰弱产生的根源有些类似，它们就同畸形的水晶和扭曲的照片差不多。我们的熟人当中，有一位女士就有病理恐惧，她害怕母鸡。每次见到母鸡，她都怕得要命。显然，这是她心理上的一种情结在作怪。这位女士多次想用理性说服自己，也多次表示她的这种恐惧是愚蠢的。然而，对母鸡的恐惧始终笼罩着她，从来就没有消失过。

有的人害怕待在一个封闭的空间内。还有的人在上床睡觉前要找遍全屋以便确信家里没有猫。他们其实很清楚家里根本就没有猫，但是他们还是要仔细搜查。有时候，搜了一遍之后，他们依然感到紧张，于是他们又把家里找了个遍。尽管他们心里清楚自己已经仔仔细细地找遍了全屋，他们还是要找第二次、第三次。

尽管这些人知道他们没有理由感到害怕，恐惧还是长存不散。有的人很害怕在水里行走。很有可能这些人在小的时候，因为玩水遭到过严厉的惩罚。这些情结宛如遗留在感光板上的擦痕，是抹不掉的。我们已经指出，为了避免这些情结的产生，就必须提供给儿童心理的平静与安宁，避免妨碍思想沉淀的突然干扰或情绪波动。为此，负责人员的关怀、知识和警惕性，以及一个安全的环境都是达成目的的首要条件。如果必要条件都得到满足，即使是困难的观念，儿童也能将其吸收，其结果让人赞叹。

再来看另一个例子。这个例子中的小孩还很小，为了让他感到舒适，也为了防止他从椅子上掉下来，大人们把两块枕头围在了他周围，枕头上铺了一块布，布上面印有小孩的脸、花朵、长翅膀的天使。这个孩子虽然连坐都坐不起来，但他还是观察着布上面的花朵和孩子。

突然，这个孩子扑向了那块被枕头垫起来的布上，他亲了亲布上面小孩的脸，接着转向印花的地方，闻了闻花。

在以上这个例子发生的地方，家长和亲戚一见到孩子便亲一亲是很普遍的习俗。所以这个孩子认为看见小孩的脸也去亲一下再正常不过了。也许他常常看到人们把花凑近鼻子闻花香，于是他认为见到了花便去闻也是理所当然的。

尤其值得注意的是，这个孩子并没有去闻印在布上的小孩或是亲吻花朵。他将自己的嘴唇放在小孩的脸上，然后将鼻子凑近，嗅了嗅印花。

有人也许会问是不是应当阻止孩子亲吻小孩的图片，或者阻止他闻花朵的图片。然而，儿童的知识是随着一系列个人的发现而增长发展的，儿童是现实主义者，他们有足够的能力发现图片同真实之间的差别。所以，最好还是让儿童自己去发觉哪些是真的小孩，哪些是图片，哪些是真正的花朵，哪些是影子。

我们必须谈一谈这个孩子的保育员的反应。当保育员发现孩子甚至喜欢闻图片上的花朵时，她搜集了各种各样有味道的物品，并让孩子尽情地去闻这些物品。这名保育员也许很着急地想教会孩子区别真实的物品同它们的图象之间的差别。

保育员的焦急是没有必要的。如果孩子心灵内在的平静与安宁没有遭到干扰，真实物品同图象之间的差别迟早会被孩子发觉，思想与概念的澄清也会接踵而来。保育员的行动就好像摇晃饱和溶液干扰了水晶的凝结过程，或刮擦底片，或扰乱了冲洗照片的安静与肃静。

为了表明平静、安宁的头脑对发展正确的思维和知识要素的必要性，我们将再举一例。

有一次，蒙台梭利博士走进了一座满是漂亮鲜花的花园，花园里有的花朵真是色彩纷呈。花园里还有一个大概一岁半的孩子。这个孩子是一个人，但是博士听到他在放声大笑。博士很有兴趣地走近这个孩子想知道他的欢乐从何而来。

这个孩子坐在一摞砖头上，正在热切地注视和观察着某种博士看不见的东西。当看到博士走过来后，这个孩子兴致勃勃地指给参观者一个小得不能再小、几乎看不见的昆虫。这个昆虫就是孩子专注研究的对象，也是孩子高兴得大笑的原因。从这个例子你可以看出，打扰儿童细微的检查过程以及他自发性的搜集直接来源于自然界的精确知识是多么的容易。

还有一次，蒙台梭利博士看到一个孩子在开满鲜花的田野里无视各类花朵，只搜集各式各样的香草。博士很感兴趣，于是静静地跟着这个孩子，直到他向博士展示他拔出来的每一棵香草都有不同的气味。

这些香草是在草丛中生长的。孩子能将香草与花和杂草区别开来，他的头脑只专注于各式香草的不同气味上。蒙台梭利博士惊奇地发现孩子能将不同香草在气味上的细微区别加以识别。

所以，施以压抑容易，但是准备一个适合儿童正常健康发展的环境却很困难。心理健康和心理发展取决于对障碍的避免，取决于为儿童各个方面的最高发展提供所需条件。

照相机感光板的工作，以及饱和溶液凝结成水晶的过程，不仅仅在此作为一种举例说明，我们还想以此提请注意：不要对儿童从现实获取思想和知识要素的自发性发展进行干预。我们想要重复的是，意识往往超出物质；而我们之前所指出的与物质之间的相似性只抓住了意识的一方面而已。像照相机和水晶之类的物质的工作远不足以涵盖由无限智慧控制和激发的头脑中那些不可思议的活动。

坚强的意志力，自我创新的能力和不畏困难达到目标的决心，这些只有在人类身上才找得到的品德是无法与机械化或者物质的东西相联系的。

Part 15
观察与发现

儿童是观察者，是探险者，他走路的目的全然是为了观察和探险。儿童对外界环境的兴趣决定了散步的起因。头脑随着兴趣活动，身体跟随头脑；由于儿童的头脑左右着身体，所以在散步的过程中，儿童的物质能量不是消亡，而是得到增强。所以，即使在进行了几英里这样教育意义上的散步之后，儿童也不会显现出过度疲劳的迹象。

两岁半之前，儿童几乎完全只关注于自身个性的发展。即使是与同龄人，他也很少进行交流。两岁半之后，儿童才开始对他人感兴趣，他于是变得爱交际起来。

处于两岁半之后年龄段的儿童还有一个特征，即他们开始仔细地观察和发现他所处的环境中各类物品的细节。

由此，在两岁半到三岁之间，我们建议对儿童的教育侧重于以下两个方面：首先，为了孩子在儿童之家的进一步发展做好准备工作，可以开始帮助孩子建立他自己的社交生活，比如帮助孩子接待客人，或带着他去拜访他所认识的人，这样一来就可以尽可能地扩大和提高他的交往圈子。

对两岁半儿童的另一项准备工作就是帮助他对他的环境作更深入的观察和发现。在这一阶段，最适合的做法就是带着孩子远足。

一直以来人们都认为小孩子即使在学会走路之后也走

不了多远。所以，即使是会走路的孩子也常常被放在婴儿车里。多年经验却告诉我们，孩子们其实能自己走长达数英里的路。

许多母亲会说："我没办法带着孩子散步啊，因为他总是不想走路嘛；如果我非让他自己走不可，他就会死心眼儿地大哭大闹。"

这类问题的症结是由于成人采用了错误的步骤。

应该在散步之前就得到儿童对整个计划的同意。儿童必须以自己的方式事先得知他将要去散步并得知去哪里散步。如果你已经告诉了孩子将要去某个地方散步，就不要中途改变主意跑到另一个地方去。我们必须给孩子对将要发生的事情有一个心理准备的机会。对儿童的发展而言，能让他尽可能清晰地将下一步所要发生的事情进行视觉化的预想是极其重要的。这种对后续事件的事先准备不仅仅能给儿童提供预知的快乐，而且使得事件能更有效地得以实现。

比如，如果你打算在散步的过程中野餐，最好要事先告诉孩子你有野餐的打算；你可以让他看着你怎么准备野餐篮；你还可以让他帮你进行准备工作，这样一来，孩子对即将发生的事情会更有兴趣。重要的是，散步的计划不应当在没征得儿童同意的情况下就被改变了。允许儿童得知一项计划，并见证计划被实施，对儿童的发展是具有教育性价值的。

在教育层面上，散步走路不仅仅是将一只脚置于另一只脚之前的运动，它甚至不是为了锻炼而进行的身体运动。走路的时候，真正使儿童感到疲倦的是由成人指挥儿童机械化地从一地到另一地。教育层面上的散步必须有一个心理目标和精神结果。

必须记住在这个阶段，散步并不是为了让儿童走路。儿童是观察者，是探险者，他走路的目的全然是为了观察和探险。儿童对外界环境的兴趣决定了散步的起因。头脑随着兴趣活动，身体跟随头脑；由于儿童的头脑左右着身体，所以在散步的过程中，儿童的物质能量不是消亡，而是得到增强。所以，即使在进行了几英里这样教育意义上的散步之后，儿童也不会显示出过度疲劳的迹象。

对于儿童此类散步方法的原则总结如下：并非由成年人带领儿童散步，而是儿童自己散步并由成年人加以伴随。

这类散步是这样进行的：孩子在走路，他看到了有趣的东西，于是停下来进行观察。如果他的兴趣浓厚，他也有可能坐下来继续观察。成年人的任务则在于跟随这个孩子并随时保护他。

我们曾亲身看到一个两岁的孩子在散步的过程中，坐了下来，花了一刻钟的时间观察驴子如何吃草。同样地，假如一个孩子走了几步，但是看见一个他很感兴趣的虫子，如果想的话，他理应被允许停下来观察这个虫子。如果孩子登上一座小山，看见一幅美景而想要驻足停留，那就应该让他继续欣赏。

小孩子感兴趣的东西对我们而言常常毫无吸引力。我们已经讲过儿童是观察者、探险者。在早期阶段，儿童吸收了环境中的主要轮廓和更能吸引人的特征。在这一阶段，他对小的细节和比如虫子、蜗牛之类不起眼的东西更有兴趣。所以，儿童观察一件令他感兴趣的物体，然后转移到下一件物体，从一个令他感兴趣的地方转移到下一个地方，如此这般，他能走好几英里的距离。环境似乎在邀请他跟随兴趣的指引不断向前。

由此可见，成年人应当学会跟随儿童以及追随他的兴趣，耐心对待所谓“散步”过程中多次的驻足停留。教育者的任务实际上就在于跟随儿童并向其提供帮助。

有一次在加利福尼亚旧金山郊外的一条路上，蒙台梭利博士观察到一位日本父亲在同他的儿子一同散步。这个孩子走得很慢。通常孩子们都喜欢快跑，但是这个孩子只是慢慢地走路。父亲的步伐也调整到同孩子的一样，父亲紧紧跟随着孩子。突然，孩子抓住了父亲的裤子。博士在他俩身后走路，对接下来会发生什么尤为好奇。这位父亲只是站定了，把两腿分开。孩子开始绕着父亲的腿转圈。父亲耐心而严肃地站立着，直到孩子结束了他的游戏。当孩子又开始上路的时候，父亲便慢慢跟着走在后面。

蒙台梭利博士饶有兴趣地跟随他们父子俩。过了一会儿，这个孩子在路边坐了下来，父亲也跟着静静地坐了下来。由此看来，在自然的状态中，父母和监护人凭直觉就已经知道孩子到底需要什么！但是文明却经常摧毁并抹煞这些对待儿童的正确激励与态度！

允许儿童去观察、去探险、去跟随他自己的兴趣就是对儿童的尊重。这种尊重是一种基于父母之爱和自然感情的灵感。

天性将指导成长。人类的这些天性是为了保护人类种族。如果自然赋予的人类保护幼体的智慧消失，那么灾难就会降临。如果人类成长和发展的天性被削弱和减少，那么就应当有更高级的东西来加以补充。

同大自然相接触，在大自然中进行观察和探险对形成正确的思维和获取真正的知识是极其必要的。我们所建议的散步可以在公园、田野或森林中进行，也可以在城市的广场或市场上进行。在某种程度上，这些散步将补充文明的新状况所导致的不足。儿童之家的各项准备条件，构成了一个允许儿童按照自然规律进行发展的计划。

真正的知识是同现实直接相联系的知识，在儿童发展的每一个阶段，都有必要让他们重回自然以检验和辨别他们获得的事实与知识。重回自然能够唤醒和复活那些用以保护人类种族的直觉和天性。

但是，文明要向前进，就不可能让大批人永久地回归自然。文明导致了将人剥离自然的社会状况。事实上，文明是对自然的征服。

一个城市人不可能仅仅是为了带他的孩子回归自然，而放弃他的生意和工作。一方面，简单的自然生活必须有所进步；但是另一方面，我们也必须提供条件让儿童能够接触自然，让儿童能够理解和欣赏自然的规则、和谐与美丽，让儿童掌握为所有科学和艺术奠定基础的自然规律，这将使儿童能更好地理解和参与文明所创造的所有了不起的事物。

在加速文明进程的同时保持与自然的联系形成了一个

困难的社会问题。因此，为了使儿童、社会和人类在进步的道路上共同前进，社会就有责任满足儿童在他发展不同阶段的需要。

儿童之家的产生就是为了解决上述社会问题，它是文明的结果，也是为了解决文明所导致的问题。

在上文所述的散步的例子中，成年人跟随儿童，看看他对哪些事物有兴趣，并允许他遵循自己的兴趣使然；同样在儿童之家，我们也跟随儿童并允许他自己向前，我们将受到儿童的启示、发现他的需求，进而帮助儿童满足这些需求。

Part 16

童年的科学

蒙台梭利博士对儿童科学的一项重大贡献，就是发现并演示了儿童发展的一系列相辅相成的敏感期。在每一个敏感期中，儿童所发挥的某种作用和他所进行的某项获知都比之前或之后的阶段更为轻易也更为自然。儿童之家的教育方式和教育材料正是建立在这些童年的已知秘密的基础之上的。

同以前相比，如今对童年的科学的研究和理解更为透彻。

19世纪中叶，童年的科学才被正式提到议事日程上。但是直到20世纪初，对童年的研究大多只是采取观察的方式，这种观察并不要求太多科学的头脑。

20世纪初，对儿童的研究结果如下：研究人员观察到儿童喜欢玩耍，喜欢模仿，喜欢听故事。在上述观察结果的基础之上，某些机构针对儿童教育有组织地采取了一些相应的行动，那时候，在家庭中也有一些零零散散的类似的教育行动。

随着学术界对童年科学兴趣的增长，儿童所使用的语言也被加以研究。儿童所说的话、所使用的词汇被小心翼翼地记录下来，这些记录很快增长得成卷成册。尽管学术界对童年研究产生兴趣这件事是对儿童的一项荣誉，但当时的研究本身是极其肤浅的。然而，这些早期的研究仍然意义重大，因为它们为儿童心理学奠定了基础。

然后，所幸的是发生了一件让学者们的头脑集中关注于儿童科学的事件。威廉·詹姆斯教授，这位在心理学领域颇有建树而颇受敬爱的领导者，将儿童同在花丛中忙碌光顾却难得采蜜的蝴蝶作比较。他认为儿童是没有能力专心致志的。他说:“教育的所有可能性统统取决于儿童；如果任何人能使儿童学会专心致志，那么所有教育的问题都迎刃而解了。”

当一个像威廉·詹姆斯这样的权威人士发表如上所述的观点时，所有其他的追随者都会表示支持，他们都重复论述这些并不正确的结论，比如：他们认为儿童的思想是不稳定的，儿童无法长时间地专注于任何事情，于是也无法理解任何事情；又比如他们认为是客观物体在吸引儿童的头脑，而儿童的头脑是无法专注于客观物体之上的。以上的结论全是错误的。

但是，由于威廉·詹姆斯的声望和他的巨大影响力，他的以上言论将儿童带到了聚光灯下。这些观察结果尽管并非正确，却将全世界的注意力转向了儿童。这就好像一位伟大的君王走过人群，停下来注视着某一个人，于是整个人群的注意力也转向了同一个人。

以前，从来没有人注意到童年的科学，现在，却有好几位学者对此感到兴趣盎然。因此在20世纪的最初几年中，心理学家开始系统地研究儿童。科学的方法被运用到对童年的研究之中。精心设计的心理测试被广泛采取；儿童的一言一行都被观察和记录下来。

与之前对儿童走马观花似的观察不同，运用以上的科学方法，心理学家们主要着重研究儿童行为的三个方面，即：儿童如何在模仿、玩耍和想象三方面成长发展。必须注意的是，以上的研究并没有涉及儿童心理内在的模式和力量，而是只关注于与儿童发展相关的外部活动。这是童年科学取得进步的第一个伟大新纪元。

随之而来的是童年科学发展进步的第二个纪元，这期间人们热衷于发现幼儿那些令人意想不到的表现。

当时人们已经认识到，儿童头脑发挥作用的方式同成年人的头脑发挥作用的方式是不一样的，并且幼儿的能力大大超出了我们的意料之外。

我们下面将给出一个例子。为了安心准备圣诞节，一位母亲将她三岁半的孩子连续三个星期送往某幼儿园。班上的七个孩子每人都必须学会背诵一小段圣诞唱诗或颂歌。两件让人惊异的事情发生了：第一件事情是每个小孩都在很短的时间内学会了教给他们的诗歌；第二件事情是每个小孩都学会了另外六首本应教给其他孩子的诗歌。并且，所有的孩子都掌握了背诵七首诗时将用到的手势、语调和表演的细节。

一个三岁半的孩子是如何做到他的哥哥所不能做到的事情的呢？这个例子意味着，一个幼儿在某种情况下比大年龄的儿童能更出色地完成某些任务。

接下来看看另一个例子。一位母亲有一本画册，画册上每一幅图片下面都有一个标题。这位母亲连续四个晚上和孩子一同看画册，念着图片标题。孩子还很小，还没有学会如何认读。在第五个晚上，母亲发现尽管画册上不同图片间并没有任何联系，小孩自己能不看图片就按照同样的顺序重复念出图片标题。

这个现象被加以仔细地研究，研究结果发现三岁半的孩子无须思维和意思的连贯性就能轻而易举地记住成行的语句，而大龄儿童不仅仅对记住成行的语句本身感到更加困难，更需要行文语句之间的逻辑顺序来帮助他记忆。与之相对的，对于根本没有逻辑顺序的行文，幼儿更容易地加以记忆。

我们必须记住，由于幼儿不能阅读，所以他们必须依赖口语词汇来帮助记忆。另一方面，大龄儿童虽然占有会阅读的先机，然而，他们记忆力的表现却不如幼儿优秀。当时心理学家在解释这种现象的时候认为，正是由于大龄儿童会阅读，反而在思想上造成干扰，妨碍了记忆。其实，这个时期的心理学家们还不相信幼儿较之大龄儿童能更轻易地完成某些事情。

进一步的研究显示出三岁半儿童头脑的另一个特征。我们已经指出幼儿的头脑就像一具照相机的感光底片。但是在三岁半的年龄，儿童在接受和保留印象方面显示出一种超乎寻常的清晰性和准确性，就好像头脑中的词语和情节被镌刻在石片上一样。

作为例子，我们想介绍一位心理学家做过的关于向三岁半儿童讲故事的试验。这位心理学家首先向一名试验中的三岁半儿童讲了一个故事；当他重复这个故事的时候，他做了些改动，试验中的儿童指出:“不对！不对！不是这样的!”在第二遍叙述故事的过程中，每当某些情节被省略了，或是故事中的名称作了改动，这名儿童都能立刻对改动的地方加以修正。观察显示，以上这种接受和保留印象的正确性普遍存在于这个年龄段的儿童之中。

同样的观察结果也显示在关于儿童记忆无思维顺序的

语句方面。儿童头脑中形成的印象是如此强烈，所以我们打比方解释说所有对儿童输出的资料就好像被刻在脑海中一样。假如这就是这个年龄段的儿童吸收抽象符号和语言的方式，那么我们便可推断出儿童在吸收更为感性、更确实的物体时所具有的天赋。

儿童科学发展的第三个阶段是儿童之家的建立。我们抓住了儿童发展的自然规律，即儿童生长发育经历各不相同但确定的敏感期，而在各个敏感期内，儿童拥有吸收环境中的不同方面的天赋。比如，他们的敏感期之一就是对语言和词语的敏感期。

正是玛丽亚·蒙台梭利提出在语言和词语的敏感期，儿童如饥似渴地寻求词语，所以，让儿童借此掌握与现实相关的词语比让他们掌握与幻想相关的词语更为有用。由此得出结论，我们应该让儿童接触获得与所表示的物体直接相关联的科学词语。正如之前章节所述，儿童应当以这种方式接触到几何学词语、地理学词语、植物学词语或者动物学词语。我们的试验已经表明在掌握科学词语方面，三岁半的儿童比五岁的儿童能做得更好。

的确，早期的心理学家和教育家们也给儿童提供词语；但是他们让儿童学习的是大量的幻想诗歌和童话故事。我们的做法则是让儿童自发地掌握同现实相关联的词语，以便促进儿童将来更容易地获得科学知识。

蒙台梭利博士对儿童科学的一项重大贡献就是发现并演示了儿童发展的一系列相辅相成的敏感期，在每一个敏感期中，儿童所发挥的某种作用和他所进行的某项获知都比之前或之后的阶段更为轻易也更为自然。儿童之家的教育方式和教育材料正是建立在这些童年的已知秘密的基础之上的。

童年的另一个秘密也吸引了众人的广泛兴趣，那就是玩耍。显然，在儿童发展的过程中，玩耍担当了重要角色。玩耍的显著特征在于：首先，儿童在玩耍时所进行的活动并不是由成年人所左右和加以命令的，玩耍的目的，或者说玩耍所包含的活动的目的即玩耍或者活动本身，绝无其他；其次，玩耍的另一个特征是，当儿童选定了以某种玩耍的方式进行活动时，他会一遍又一遍地重复这种活动。

玩耍被众多学者加以褒奖的特征即在于它是为了“做”而做的一件事情。作为教育者，我们必须强调大自然的计划是向儿童灌输对玩耍的热爱以帮助儿童的发展。为了从“做”的本身有所得，我们需要这种为做而做的早期理想主义，需要将事情进行到底的坚持不懈，也需要对活动本身的频繁重复。

在儿童之家建立以前，人们普遍地将儿童的自然天性引导到玩玩具的方面。如果儿童受到玩具的限制，那么毫无疑问，他们玩耍的活动也只能围绕着玩具进行，别无其他。这种做法就如同在儿童生命的敏感期，当他们渴望学习词语和真实的知识时，旧式的教育却只给儿童提供虚幻的诗歌和童话故事相似。

而在儿童之家，我们顺应儿童热爱玩耍的天性，同时将儿童的玩耍活动拉近现实。只有了解了儿童之家的材料和教具，了解儿童在日常生活练习中的表现，以及了解我们针对儿童所设计的感官练习之后，你才能认识到较之幻想和虚构的故事，以事实和现实为目的的玩耍活动对儿童是多么有意义。显而易见，儿童在玩耍中获得的乐趣通过与现实的接触更能得到提高。

你也许会认为儿童之家的感官练习有其显著价值，但是日常生活的练习只不过是成年人生活的模仿罢了。请不要忘记，儿童的大多数活动，包括玩耍，都是从观察中获取灵感的。日常生活练习即形成性的活动，它包括灵感、重复性以及对精确细节的注重。它也考虑到了在童年的特殊时期儿童的自然天性。尽管目前这种练习还没有实际作用，它却是儿童的一种去适应环境的工作。对儿童成功教育最为根本的，莫过于让他们获得对所处环境的适应性，以及让他们在环境中发挥有效的功能。

Part 17

书写语言与人类进步

学习语言文字的权利是民主权利之一，是经历了血洗的革命，由那些促成捍卫人类自由的国家确立。这种民主思想已经遍及全球大部。在许多国家，普遍教育和义务教育被确立为国家进步的基础。

人类的进化是有目共睹的。人类进化的内容包罗万象，不同团体的人群以特定的方式经历进化的过程。连接人类代与代之间的进化链就是儿童。

人类最伟大的发现之一就是发现了通过声音和词语能表达思想。在过去很长一段时期内，所有的思想与知识都是通过口头语言从上一代沿传至下一代。然而知识的愈加丰富使人的头脑无法单独负荷。于是，在人类的进步过程中发生了一件具有重大意义的事情，那便是书写语言即文字的诞生。书写语言帮助个人与国家保存了单凭记忆所无法保存的历史。也许可以认为人类历史上没有其他任何事件比书写语言的诞生更加意义深远。

口头语言的进化本身已经是一个奇迹，然而书写语言的诞生却成为更为伟大的奇迹，它是最早的、人类高于自然的力量与可能性的成就之一。随着书写语言的诞生，人类将自己置于自然之上，也开始了一段漫长且充满荣耀的征服自然的战斗。书写语言是完全凭借人类自己的努力所取得的胜利。

书写语言的历史绵延数千年。在某一个决定性的时刻，一种超自然的动力促成了字母表的发明。由于字母的出现，将思想写成文字方面取得了长足进步。书写语言发明的一个重要方面就在于它被用来撰写历史，以及不断地记录世间大事。

必须认识到，字母表并不仅仅是一个特殊系列的符号和字母，因为世界上有诸多不同的字母表和不同的语言。字母表发明的本质在于它的基本思想，即借助于代表口头语言中单个发音的各个符号，人类的思想得以保存，并从一个人传递至另一个人，从上一代传递至下一代。这个宏伟构想促成了今天如此众多字母表的存在，可以说，字母表的发展为人类进步作出了不可估量的贡献。

曾经有一段时间，思想是通过图画加以表达的。这种媒介并不高明。由于图画的呆板僵化，它将无法表达抽象的思想和原则。如果这一套系统沿用至今，人类是无法取得至今已经取得的这些进步的。

书写语言尽管是建立在口头语言的基础之上，却与口头语言不同。在过去很长一段时间内，国家和团体的进化极其艰难，因为很难有足够和适合的词语来描述他们周围的物体，来表达头脑中的想法或心中的情感。书写语言的发明与完善使人类不仅仅能传递和表达思想与感情，还能规范和解释原则事项、法律以及头脑中所形成的每一种想法。

无巧不成书。你一定已经注意到语言用来吸收知识与经验的能力同幼儿在某个敏感期从他的环境中吸收、镌刻知识的能力有些类似。

用来书写的工具和材料也有自己的发展历史。早期用以书写的表面包括了石、动物皮、树皮和树的其他表面；进行书写的工具包括了铁、木头和毛刷。

刚开始的时候，只有少数的佼佼者能通过书写语言表达他们的想法。他们是牧师、哲学家和诗人，他们被认为是文化的代表，而他们的影响力是不同寻常的。当书写语言被逐渐加以准备和进行完善时，绝大多数儿童都还在简单的、没有文字的环境中成长。

在以后的阶段，那些抛弃了田园与乡村生活而进入商业领域的人们发现，书写语言是远距离传达商业信息的有用伙伴。富商们想要获得书写语言、代码字和算术。书写语言于是赶上了商业蓬勃发展的潮流，在有影响力的人物之间流传。贫穷和地位低下的人在那个时候是没有机会使用书写语言这个武器的。他们之中有人如此表达想要学习文字的强烈愿望:“如果我知道怎么写字那该有多好啊!”他们不得不到大众写字员那里写信，不得不到村子里识字的人那里让他读信。

人们开始感到不能写字让他们自卑，也成为一种障碍。大约在距今一百五十年前，普通大众越来越强烈地感到只拥有口头语言的不足，那时人们群起反抗许多社会弊病，在他们的人权宣言中也包括每一个人都拥有获得用以掌握和使用语言文字的条件的权利。于是，写字和算术成为人活在现代文明中的一项普遍的需求。那时，人们坚持认为只被少数人占有的书写语言必须成为大众的共同所有。学习语言文字的权利是民主权利之一，是经历了血洗的革命，由那些促成捍卫人类自由的国家确立。这种民主思想已经遍及全球大部。在许多国家，普遍教育和义务教育被确立为国家进步的基础。

自愿教育很早就存在了，义务教育却开创了历史的新纪元。不同的国家都冲破了封锁而前行。在许多国家，公民的基本权利之一就是学会阅读、书写和计算的权利。同时，纸张生产的快速进行和质量提升，各式各样的笔和书写工具的完善，印刷术的发明以及在印刷方法和机械上前所未有的发展，使得书写语言在人类事务中发挥着难以形容的力量与效力。

国家有计划地推广文化、科学与发现以及工业生产所带来的各种巨大便利，也辅助该项计划的实施，舞台上却上演着人类思想与活动愈趋不平衡的发展，成年人的行为在这时出现了异常。文化是取得进步的工具，但是在赢得了获取文化工具的权利之后，父母却不愿自找麻烦学习文化，几乎在所有国家，这个任务被强加在儿童身上。这种显而易见、前后矛盾的现象值得深思。

为什么作为他们子女的自然保护人，家长将自己都厌烦的重任压在子女身上呢？原因在于有另一种力量冲击着人性的进化，这种力量有时甚至比照顾种族的自然天性还要强大。人类社会必须通过进行某种活动使其与新的环境和境况相适应。由于儿童比成年人更能适应新的环境和境况，社会于是将促进人类向前的重任托付于儿童身上。教育的任务之一应该是帮助儿童减轻这副重担，并允许儿童在为了同千变万化的环境相适应所开展的活动中寻找乐趣。

Part 18
一种规划　多种形式

从一颗种子到参天大树，从一枚鸡蛋到成熟的母鸡，从胚胎到成人，生命形式的不同表现是显而易见的。人们需要以极高的境界去理解和领会所有的生物和所有的物体进化成无穷无尽的各类形式，只为了一个崇高的动力，即服务于整个宇宙的中心规划。

有一个规划左右着所有一切。所有的物体、动物和非动物都从属于这个规划。每一个生物和非生物都有存在的不同形式，而这些形式同通行的规划是一脉相承的。

大自然中的一切，根据他们自身的发展法则，尽可能地向他们自身完美的方向发展。每一种生物的每一个个体都依据天性纳入合适的生命形式，但是所有的生命形式都不可避免地与这个伟大的规划融为一体。

从一颗种子到参天大树，从一枚鸡蛋到成熟的母鸡，从胚胎到成人，生命形式的不同表现是显而易见的。人们需要以极高的境界去理解和领会所有的生物和所有的物体进化成无穷无尽的各类形式，只为了一个崇高的动力，即服务于整个宇宙的中心规划。

毫无疑问，保护后代和保存种族的天性是最为顽强的。但另有一个目标比保护后代和保存种族更为崇高，并且它要高于根据生命形式而发育成长或根据天性而生存。这个目标就是要遵循世间万物所景仰遵守的一个总的规划。

将类似于义务教育这样的重任强加于儿童身上，即使它可以教会儿童如何读、写、做算术，刚开始看来这个重任好像还是违背自然。但是显然，凭借直觉，社会感到儿童较之成年人能更好地适应新的条件和情势，而适应性对人类的启迪和进化是必不可少的。强加在儿童身上的这项任务并不必像现在这样的苛刻和痛苦。为了说明在遵循本身的生命形式之外，还需要服从于一个更崇高的规划，我们将给出来自大自然的几个例子。

牛是最重要的陆地动物之一。牛的任务不仅仅是照看好自己和它们的小牛犊。除了保存自身和繁衍种族之外，在前述的宏观规划之中，牛的任务还在于维持陆地上的草地和草原。牛是农业最好的支持者之一。在生物学上，牛也是地球上最晚出现的一批动物之一。牛的出现与地球上不同地区大面积草原的出现是同步进行的。科学证明，要想让草原维持得好，就必须时时将草剪至接近地面，土地必须被压得严严实实还要勤施肥。牛在照看自己和后代的同时把以上的任务都做到了。

牛很好地遵循这番授命，几个世纪以来，牛忠实地提供着服务。进化论中的老观点认为动物们根据自身的需求进化特别的器官，这一观点无法解释牛的例子：因为牛是如此强壮，它完全有能力避免麻烦找到其他的方式满足自己的生理需要。但是牛还是遵循着宇宙规划：尽管草是如此的难以消化，尽管草所富含的纤维是如此的难以分解，以至牛需要有四个胃来解决消化的难题，它还是继续吃草。牛本来可以找到更容易消化的食物，但最终它还是服从了宇宙规划。

如果你仔细考察这一命题，就会发现大自然中的每一种动物，一切的一切，除了遵循自身的生命形式外，都有一项为了整体共同繁荣的特别任务。比如大海中，有的海洋生物付出努力使海水中的含盐度始终保持在一个合适的比例，其实较之对其他的海洋生物而言，这种努力对它们本身并没有任何益处。如果海水中的含盐度偏离了正确的比例，海洋中大量的生物便会濒临死亡，其结果也会同样影响到陆地上的生物。那些特殊的海洋生物是如何执行这项重要的宇宙任务的呢？研究已经发现，这些生物吸收多倍于身体重量的水，将盐分保留体内，再将水排出体外，如此循环，保持着海水中盐的比例。

再来看一下那些消耗和减少大气层中有毒气体的生物，它们的宇宙任务同样意义非凡。长时间以来，大量的有毒气体被宇宙喷发释放到大气层中，它们有可能导致地球上所有生物的灭绝。这种危险性因为植物和树木吸收有毒气体将其减少到警戒线以下已被避免。植物和树木，在为保存自身和其种族的“自私”需要的同时，也遵循了这个包罗万象的伟大规划。

我们还可以看看那些吃腐肉和死尸的鸟类的宏观任务。他们本来可以吃活的生物，但是它们忠实地履行自己清理地球上可能给其他生物带来危害的清洁任务。

综上所述，在宇宙的每一个细节上，从保持空气的纯净到维持海水的纯净，每一个生物为了它的特定的规划尽心尽责地履行任务。世间万物都是如此：太阳与星体的运动；地球与其他行星的自转与公转；翻云覆雨；动植物的生死循环；海洋、矿物、金属和所有物质的形成与作用；从蚯蚓在地下挖洞到蝴蝶在花丛飞舞，大自然中的一切都遵循自身的生命形式，遵循一项规划并致力于形成一个均衡的宇宙。它们根据一种模式来运作以保存种群，由此，它们带来了自然界的有序与和谐。

书写语言的发明为人类的生命形式带来了深远影响。人类习惯于用舌头说话，如今却可以用眼睛倾听、用双手诉说。书写语言不仅仅用来储存和传播知识与经验，扩大人类生活的方式，并且也增强了宇宙进化动能。

义务教育将一项繁重的任务强加于儿童身上。这项任务对儿童本身有好处，但是同时儿童也向世界提供服务来帮助文明的进展。

这就好像一场人类领导的新的征服之战。对儿童的号召好比亚历山大宣称:“跟随我去征服全世界!”所有适龄儿童都被调动起来。他们不得不在折磨与痛苦中前进。五岁以下的儿童是免于服务的，六岁和六岁以上的儿童被“征兵”进来，组队成团，操练演习学校的科目。然而，儿童提供的这种服务已经成为他们的殉难。

Part 19
儿童的殉难

在相当长的一段时期内，教育成为儿童的殉难。为了教育，儿童的健康与欢乐被牺牲掉。即使不是医生或心理专家的普通人，也能看出由旧式教育引发的身体疾病和心理问题。

义务教育的初衷无可厚非。个人、国家、全人类的进步是义务教育的着眼点。人类渴望进步的天性是无法阻挡的。然而，当成年人确立了受教育的权利之后，却将受教育的重担给予了儿童。

在相当长的一段时期内，教育成为儿童的殉难。为了教育，儿童的健康与欢乐被牺牲掉。即使不是医生或心理专家的普通人，也能看出由旧式的教育引发的身体疾病和心理问题。

当时的多本著作都描写了学校导致的疾病，而不是童年的疾病。在读到这些著作的时候，你可以找到很多儿童的生理器官和功能遭到学校破坏的纪录。

儿童的骨骼、肌肉、神经都深受其害，消化和心理官能遭到严重干扰。在一些极端例子中，身体和心理的双重病态都是由学校和学校的教育导致的。

为了解决这些麻烦，人们想出了一个简单的方法。不同国家的政府都制定了卫生标准并将此标准在学校强制施行。这项举措的目的是治疗学校中的疾病，而并非要根除疾病产生的根源。这种治疗性的措施并没有根除顽疾。

到19世纪末，情况变得更加糟糕。很多当时的著作表明学校在发展学生的性格、智力和道德行为方面已经彻底失败，学生染上了撒谎、欺骗和懒惰的恶习，他们无法专注学习，无法对任何学科给予足够的思考，学校对学生们痛恨教师和厌恶学习负有直接责任。

当时学生的态度是："感谢上帝！老师生病了"，或者"我们怎么才能欺骗老师好离开课堂呢？"。孩子们的注意力是如此的涣散，他们甚至无法看到马路上的危险。他们从学校出来高声尖叫，互相殴打，互相投掷书本，跑到马路中间，不知道自己给车辆中的乘客造成不便，也没注意到车水马龙中的危险。所以，你会注意到当时面向马路的许多学校门前都贴有通知：学校，注意！

这之后又有一段对儿童身体健康采取谨慎态度的时期。人们采取谨慎的措施保护儿童不被来往的车辆撞倒，不允许他们伤害自己的眼睛，不要因为错误坐姿而导致驼背，不要互相伤害。但所有这些措施都是负面行为。问题的根源是教育系统，但教育系统本身并没有任何变化。

这之后有人开始持怀疑态度——究竟有没有必要对儿童进行这么繁重的教育。这些人认为减少教育的质与量就可以解决以上的难题。他们认为教育已经导致了儿童太多的头脑枯竭。问题是:“哪些内容可以从教学大纲中被删除?”

只是从成年人的角度看待问题，他们说:“几何在成年后的生活中没什么用处，应该把几何从教学大纲中删除。”他们对算数的观点是:“只要教会儿童买卖东西够用的算数就行了，其余的都可以删掉。”他们还声称:“语法有什么用呢？没有它们儿童也能说会写，那么语法也应当被删掉。”

一点一点的，学校的教学内容越来越少，直到儿童根本不用做什么功课。实际上，当时的人们认为六岁就上学太早了，只有八岁的时候开始上学，儿童才能够学到必要的知识。

当时的风气是少学、多玩、做更多的游戏。对学生的惩罚被勉强用来作为抚慰教师的手段。考试也几乎已经消失了，只是有人质疑:“如果没有考试的话，我们怎么知道孩子们都学了什么?”于是，毕业考试得以保留。

当强制性的教育教导逐渐减轻时，体育运动变成了必修。实际上，有些学校允许擅长比如足球和拳击的学生通过容易的学校科目考试，其他的学生则必须通过较困难的考试。

学校时间的缩短和教学大纲的简化并没有改善教育。其结果只是导致了缺乏知识、缺乏纪律性和缺乏个性的男男女女。

接下来，有一股反抗儿童的身体和思想渐趋软弱的思潮。有人说让我们回到一开始的起始点。墨索里尼、希特勒和东条英机支持这种观点，他们推行头脑和道德的萎缩，致力于机构的组织化和军队的功效性。

在这种混乱的状态中，未来的教育必须崛起。

如果教育是为了辅助文明，它就不可能通过清除知识、个性、纪律性和社会和谐来实行，它尤其不能剥夺自由。教育已经成为一个严重的疑难问题。

这个问题的中心在于自由，即我们必须清楚地了解儿童自由的重要性和它所产生的影响。成年人认为自由便意味着最大限度地减少义务与职责，这个观点应当被抛弃。我们也无法认同儿童的乐趣是被迫整天或大半天单单进行玩耍。

教育的基础必须建立在以下的事实之上：儿童的乐趣来自他完成了适合他年龄的事情；儿童最大的满足感来自

倾尽全力履行手中的任务；快乐存在于身体和头脑所进行的、被成人正确引导的活动之中；头脑、身体和心灵的力量是通过练习和经历取得的；真正的自由，也就是它的目的，在于通过个体的进步和快乐持续地服务社会和全人类。

给予儿童的自由并不是从家长和教师那里获得解放；也不是从自然规律和社会形态中获得的自由，而是与服务社会相协调的自我发展和自我实现的最终自由。

当你注意到花园里的树木、芳草、鲜花，或大海里的鱼，你就可以体会到自由的生命是怎么一回事。假设我们所认为的自由是不遵循自然规律的自由，按照逻辑我就会说:“这些可怜的植物被根所牵绊着，把它们给拔出来给它们自由吧”，或者“鱼成天只能在水里待着多可怜啊，把鱼从水里捞出来给它们自由吧”。

你看得出正是以上这种施以自由的行为剥夺了生命本身。其实在许多方面我们对儿童施以的自由也与此类似。我们准备把儿童从工作中“解放”出来吗？这不正像将植物拔出土壤、将鱼捞出水一样吗？

一旦理解了基本事实，我们就会明白儿童的自由是寄托在研究、寻知、活动和服务的乐趣当中。正如肌肉只有通过锻炼才能变得强壮，儿童的快乐和优点只有在活动、努力和成就中才能得到升华。

然而，儿童为了社会进步的殉道却是真实的。假如你召集成年人参加会议以宣传某种新的强有力的观点，有多少人会愿意参加？即使对已经参加会议的人，又有多少人在一小时之后不会离开？但是，在教育者的控制和指导下，儿童被成日成月成年地聚集在一起。那些希望影响全人类的人知道，他们可以通过将儿童聚集在学校来达到他们最终的目的。尽管学校制度遭到滥用，尽管无知和冷漠使儿童遭到了错误的对待，学校教育还是承担了文明向前发展的主要责任。

20世纪初，成年人终于醒悟到学校生活带给儿童的危险和不良影响。人们注意到这样的事实，即当儿童遭受压迫的时候，他们不能反抗，也不能保护自己。所以，将儿童受制于教育的社会必须承担起保护儿童的责任。成年人过去是儿童的施压者，现在必须解放儿童。假如儿童真要享受自由则必须唤醒成年人的良知。儿童遭到错误对待的唯一反应便是更大的缺陷，以及体力和精力的减少。

由以上的结论推而广之，教育成为一项普遍的社会问题。儿童根据自身发展规律所享有的自由也就是社会与全人类的自由。尽管伴随着义务教育的开始，儿童的殉难也产生了一些有益的结果，但是一旦社会的良知觉醒并且童年的科学知识得到运用，一定会产生更好的结果：那就是在适合的条件下，人类的身体、头脑和精神力量的运作将势必带来快乐，而并非痛苦。

Part 20

工作与纪律

纪律与自由联系得如此紧密，如果缺少了纪律的话，其原因一定在于首先缺少了自由。

对活动的热爱，对自由的渴望，服从的天性以及情不自禁地遵从万物敬仰的自然规律的动力，这些品质使得人类成为大自然绝无仅有的成果。

幸福生活的秘密就在于有兴趣的工作。工作是有目的性的活动。人类是天地万物之中最首要的工作者。人类的工作已经改变了地球的面貌。

强调自由是为了个体的发展，强调纪律是为了个体及他人和社会的利益。就像工作和休息能并行，自由和纪律、个体和社会也可能兼容，只不过，文明的进步使得两者之间的差别更加突出罢了。

文明要求更多的工作，社会生活则要求更多的纪律。社会压缩了个人的自由幅度，由此产生了纪律。没有工作就不可能产生进步，由此产生了对工作的需求。自由是必要的，纪律也同样如此。个人和社会的进步要求工作与纪律两者兼备。

然而，所有不同工作类别的工人都希望能减少工作量，要求增加薪水，要求更多的空闲休息、更多的娱乐和更好的生活条件。于是相同工作类别的工人组成了工会，针对他们的雇主提出上述的要求。雇员同资本家之间的纷争成为一项日益严重的问题。

20世纪初，这种对抗也反映在成人社会与学校的儿童社会之间。其结果是儿童上学的时间越来越短，学校作业越来越少，每堂课的时间越来越短，体育活动和游戏却大量增加。这样做的目的是保护儿童避免疲劳，让他们得到更多的休息。

与此同时，人们发现了一个奇异的现象。尽管一天当中功课很少，娱乐居多，儿童的健康却并没有得到改善，甚至有证据表明他们比以前更显得疲劳不堪。还有研究发现，同上45分钟的课相比，持续学习一个相对较长的时间，比如90分钟后，儿童显示出较少的脑力疲劳的迹象，也显得更为平静。

上述现象的理由如下：为了达到有用的工作效果，在学习某一门科目时，头脑需要时间产生兴趣，需要时间进行发动，需要时间热身，如果在这个过程中产生了干扰，不仅会丧失有效的学习成果，还会造成一种形同疲劳的不愉快的感觉。

疲劳也可能因为个人从事不适合的工作而产生。合适的工作会减少疲劳感，因为在进行工作的本身会产生乐趣。

所以综上所述，造成疲劳的原因有两个：不适合的工作以及对工作造成的不成熟的干扰。

现在让我们将目光转向儿童之家，这里发生的事情有些奇怪。首先，儿童之家的儿童都是自主地、不停歇地工作，他们不需要担心时间。另一件奇怪的事情是在长时间持续性的活动之后，儿童的工作能力并没有显得有所减退，反而得到了提高。

实际上，一种颠倒的状况出现了。儿童在工作中找到了乐趣、满足感和兴奋感。工作越多，儿童的心灵就越平静。虽然在工作中消耗了许多能量，但是这些消耗似乎又产生了更多的能量。

为了达到令人满意的工作效果，不仅仅需要有适合的工作，还需要有适合的条件。这些适合条件包括适当的食物、新鲜空气，还有阳光。儿童之家以及它所提供的材料和环境成为很好的例子，这个例子反映了适合“工作者”们年龄和能力的适当工作与条件。

有了适当的条件，身心都得到锻炼，儿童将会快乐和谐地发育成长。锻炼越多，儿童的生命也将变得更具活力。工作于是成为成长、发展、效力与快乐的必要条件。

自由与纪律的问题直接关系到工作。有了必需的自由、合适的材料和环境，儿童所渴望的便是工作。当诸如儿童之家所提供的环境引发并促进儿童所需的活动，纪律的问题将不攻自破。

优秀纪律的本质可以由一位参观旧金山蒙台梭利演示课的日本杰出教育家的评论加以说明。这位教育家在参观了孩子们的工作之后说道:“我喜欢你们学校的一切，除了过分严格的纪律之外！”其实，在儿童之家所显示出的这种纪律正是自由的结果。纪律与自由联系得如此紧密，如果缺少了纪律的话，其原因一定在于首先缺少了自由。

同样，如果在儿童之家内部出现了无序混乱的局面，我们会推论这是由来自外界对儿童的强压造成的。在目前儿童之家的状况下，如果出现混乱或者缺乏纪律，祸端应该是成年人，而不是儿童。这意味着儿童之家的女教师们一定产生了某种误解，或是她们试图“奴役”儿童。这样做的结果只能是混乱或者缺乏纪律。毫无疑问，儿童之家所展现的纪律是一个在特殊环境下的自然纪律。

不得不遵从诸多规定的社会能运用同样的方法实施纪律吗?这个问题已经被仔细研究过。我们已经发现儿童能够而且将会服从命令（哪怕命令并不存在），也就是说，自然给予儿童服从的天性。那么，为了社会的秩序井然，我们必须也去构建这种服从的天性，尽管仅仅机械化的服从不会带来真正的纪律。我们认为，对纪律的真正的服从必须由激励儿童才能得到，而不是通过奴役他们得到。

服从是儿童的天性。假如儿童显得不服从，有时候是因为根本没有服从的可能性，有时候则是因为儿童不知道怎么去服从。为此，必须向儿童提供练习的机会以便让他们学会如何服从。如果儿童缺乏服从的天性，纪律将成为空谈。如果人们不服从整合社会的法律，那么社会也将成为空谈。

如若一个人有音乐天赋，就应当教他弹奏某种乐器，那么学会如何弹奏这个乐器之后，他的演奏将给自己带来无尽快乐；如果儿童在服从中成长，每一次服从也都将给他带来快乐。只不过，那些发号施令的人的责任是极其沉重的。

对活动的热爱、对自由的渴望、服从的天性以及情不自禁地遵从万物敬仰的自然规律的动力，这些品质使得人类成为大自然绝无仅有的成果。

所以，人类在地球上生活最早的痕迹不是他们的家或住所、骨头或残骸，而是他们所进行的工作。也可以说作为一个工作者，人类促成了进化、进步和文明进程的一切。

儿童之家的所见类似于大自然中无休止的活动，儿童全然没有成年人对工作的那种抵触，这种对比值得深思。想象一下，不同种类的工人不断要求被派以更多的工作，而在完成了派发的工作之后，不是抱怨太疲劳了，而是宣称:“有更多的工作等我去做是一件多么美好的事情!”这难道不是一种新社会的开始吗？在这个新的社会中，人人都渴望工作，人人都可以在适合的条件下从事自己中意的工作，工作越多，人们就越快乐。

大自然是否将工作与娱乐、职业与休息相区别呢？看一看奔流不息的溪水与生长不停的树木；看一看浪花、地壳运动、行星、太阳与所有的星体。所有的造物都是生命、运动以及工作。再来看看我们体内从出生到死亡一直持续工作的心脏、肺、血流，它们何曾停止工作休息过？即使在人类睡眠的时候，这些器官也照样工作。最后看看我们的思想，无论是在睡眠还是清醒阶段，我们的思想难道不也同样在日以继夜不间断地工作吗？

Part 21
蒙台梭利儿童之家

蒙台梭利方法一开始源自实验和经验，然后通过观察和发现的过程逐步发展。儿童的利益和社会的需求是我们对这套方法的衡量标准。书中的原则是用来检验方法的。儿童发展的成功例证、儿童对成就的热爱以及他们向社会提供的服务就是这套方法取得成功的最好的证明。

蒙台梭利儿童之家（又称蒙台梭利学校）的环境和内容是为了将前面章节中所述的原则付诸实施所准备的。无论是建筑物、家具、教具还是其他的要件都为了适合儿童的不同年龄和尺寸进行设计。这所机构为儿童的自我活动和自发性发展提供条件。

这里的环境充满自由，也萌生纪律性。以儿童的健康成长为证，这里充满了欢乐。儿童之家的所有条件促进了互相理解、相互合作以及给予帮助，而这些正是人的道德观和品质的根本。

只有通过亲身拜访蒙台梭利儿童之家以及直接的考察，你才能了解构成儿童之家各项活动的深层次目的。对童年各项要求的知识构成了儿童之家精心打造的教具和教学材料的基础。本书并非对蒙台梭利方法的详解，而是涉及它的基本原则。

谈到原则，就有必要说明蒙台梭利儿童之家之所以提供其主要活动的原因。儿童之家除了备有旨在保障健康、卫生以及同自然物体保持直接接触的设施之外，早期阶段儿童的活动被划分为感官训练和日常生活训练。

也许在这里有必要指出蒙台梭利儿童之家感官训练和日常生活训练的科学基础为何。

一位最伟大的思想家之一说过："人类的一切智力都来自感官。"我们对外部世界知识的所有要素都是由感觉而来。五种感官就好比五扇门，从生到死，知识由这五扇门流入我们的头脑。头脑储存、进一步完善通过感官得来的印象，并通过不同的处理过程构建知识的框架。

为了理解感官的根本重要性，让我们设想一个一出生就已失明的人。对这个人来说，想要了解可视世界的所有知识是不可能的。他无法看见形状或颜色。所有看得见的青山的美丽，夕阳西下、枝繁叶茂带来的震撼，以及为欣赏雕塑和绘画这样的艺术瑰宝所得来的喜悦，对他来说统统不存在。

由于看不见任何物体，他是无法靠记忆记住任何看得见的物体的。由于对看得见的物体没有任何观念，他也无法对这些物体产生视觉记忆。同样，他也无法想象出任何我们可以看得见的物体，无法在任何接近现实的程度上思考或是推理事物视觉化的一方面。

一个天生就耳聋的人处于同样的境地。他的头脑对一切有声的事情处于完全空白的状态。无论是迷人的音乐，还是甜蜜而友好的嗓音，总之，整个声音的世界将他的头脑拒之门外。他根本无法理解任何声音，无法记忆、无法想象也无法推理任何有声的事物。

想象一个人完全丧失了触觉、味觉或嗅觉是困难的。但事实是，以上任何感官的缺失都意味着一种相应的获取知识或形成现实完整概念的缺陷。

一双拥有普通视力的眼睛能使一个人从可视世界里获得普通精确程度的印象。一双拥有普通听力的耳朵同样可以使一个人从听觉世界里获得普通的声音印象。

其他感官的工作也是如此。一个不能感知气味的人由于嗅觉的缺陷将无法使他的头脑同外部世界在嗅觉方面相一致。在味觉和触觉上的缺陷也会以相似的方式给头脑带来有害影响。

任何感官缺陷的不利影响都是深远的，这种影响涉及思想的每一个过程和官能。有缺陷的视觉、听觉或其他任何感觉将产生有缺陷的知觉。因此记忆力也将产生有缺陷的知觉和概念。想象力也同样遭到影响，因为想象是头脑中所有储存起来的感知画面的重现。由于推理是引用头脑中的数据，有缺陷的数据也必然产生有缺陷的推理。所以，思想的所有过程都因为任何一种或几种感官的缺陷，遭到同那种或那几种感官相应程度的破坏。总而言之，感官在获取知识方面的巨大重要性由此可见一斑。

但是，看看马戏团里的杂耍演员，他们把六七个球扔到空中，通过敏捷地将所有的球循环扔起再接住，能不让一个球落到地上。杂耍演员的表演是基于坚持不懈的、持续的、有技巧的训练。他们进行了包括手、眼、肌肉、判断力、预见性和平衡感的训练。

同样，走单绳的演员、品茶师、能根据气味就分辨出几百种不同药物的人都缘于训练。

在生活的方方面面我们都看得出对感官的适当训练所产生的价值。比如，想要成为一个优秀的画家，除了掌握绘画的技巧之外，你还必须训练观察能力，训练对颜色、阴影、透视和形状的理解力。如果没有卓越的听力和恰当的训练，电话接线员和电话速记员就无法有效率地工作。你将注意到，大多数工匠和手艺人的技巧，比如木匠、石匠、铁匠、陶艺人和宝石切割艺人，大多包括手眼的协调训练。成功的舞者、著名的音乐家、网球好手、板球冠军等，他们都明白自己的出色表现是缘于长时间的执着训练。

训练的影响力在所有无论体力还是脑力的活动中都是一样的。任何一项工作、职业或行业都涉及身体和头脑两个方面。头脑中的某些方面，身体中的某些部分，一种或多种感官在不同种类的合作和组合中得到特别的运用。在木匠的工作中，并不仅仅是手和眼获得锻炼。足球运动中，也不仅仅是腿和眼得到使用。显而易见，只是某些身体部位和感官会起到主要作用，但是整个身体和头脑都普遍地参与到活动和活动的效力中。

但是为什么，无论年长年幼，许多人都无法看到、听到，或者感觉到一个经过训练的观察者能轻易认识和辨别的事物呢？问题的答案是老生常谈——因为人们不用眼睛去看，也不用耳朵去倾听。所有有缺陷的知识产生的根本原因是缺乏观察，或进行了错误的观察，或无法观察，或无法精确地观察事物。因此，有必要准备像蒙台梭利儿童之家这样的环境用以指导头脑自发地观察所要观察的事物，同时用以提供条件避免观察中产生的错误。对建设性的艺术和生活中的实际工作进行观察训练，其价值如同对科学方法进行观察训练一样重要。

基于上述原因，蒙台梭利儿童之家中的训练项目被分为感官训练和日常生活训练，两种训练携手进行。这里的训练其实已经成为对实际生活的训练。

以上的训练只是蒙台梭利早期教育的一个方面。这些训练的进行直接而彻底。训练的对象是真实物体，训练的手段也是真实物体。这些训练将现实生活中的具体物体面对面地带到儿童跟前。

同旧式的教育不同，蒙台梭利教育并不是通过词语和关注于词语的教育方式。它是通过物体并关注于物体的教育。这种态度已经在之前的章节中有所解释。当然，语言的重要性也有所阐明。

蒙台梭利儿童之家的教学材料和教具的各项物品都经过设计、搜集、分类，且出于目的性的考虑，并根据有目的性的设计被放置在房间或儿童所处的其他环境之中。一所良好的蒙台梭利儿童之家的计划、结构、内容全应建立在对童年不同阶段发展需求的知识之基础上。

旧式的教育将重点放在教师的教授和学生的学习上。蒙台梭利方法则将重点放在儿童的观察和发现之上。它注重于向儿童提供服务设施和教师们对儿童的保护。

蒙台梭利方法本身是通过观察和发现得以发展的。本书中所阐述的这些原则并不是首先被加以编号，然后被运用到教育中而形成这套蒙台梭利方法。蒙台梭利方法一开始源自实验和经验，然后通过观察和发现的过程逐步发展。儿童的利益和社会的需求是我们对这套方法的衡量标准。书中的原则是用来检验方法的。儿童发展的成功例证、儿童对成就的热爱以及他们向社会提供的服务就是这套方法取得成功的最好的证明。

从本质上讲，蒙台梭利教育加强和活跃了成就高尚生活的内在辅助力量。因此，我们希望再次强调对书中所有所述若干原则的坚持。

International Training Center of Montessori Education of China

MTC 中国蒙台梭利国际教育培训中心

中国蒙台梭利国际教育培训中心（MTC）是中国（含港、澳、台地区）唯一由国际蒙台梭利协会（AMI）官方正式授权的培训机构，专业从事 AMI 职业教师认证培训以及蒙台梭利教育教学的推广、普及和改进。

杭州是 MTC 的总部。MTC 作为 AMI 的正式授权培训机构，为蒙台梭利培训、咨询和实践提供权威且值得信任的服务。

AMI 是由玛丽亚·蒙台梭利博士及其子马里奥·蒙台梭利在 1929 年成立的。AMI 的核心目标是保持、传播和深化蒙台梭利博士的理念和原则，促进人类的全面发展。

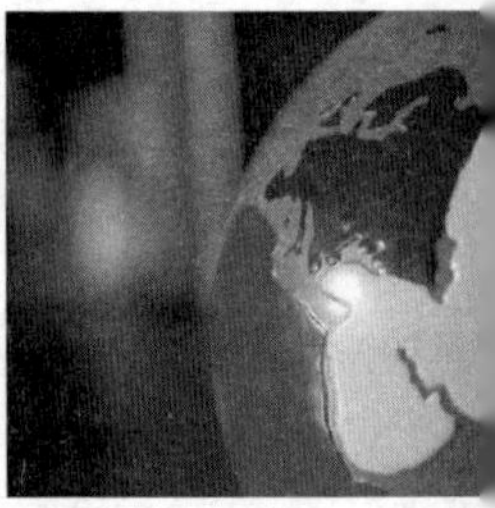

MTC 的使命

- 培训高素质的教育者；
- 为那些弱势群体和常常被排除在外的人群使用蒙台梭利方法提供更多的便利；
- 继续蒙台梭利方法的研究和学习，从而能够分析教育实践并为其提供信息支持；
- 通过拓展项目和合作关系来传播蒙台梭利原理及实践。